Event Experience

Principi ed Esempi Operativi

Ignazio Caloggero

Premessa

Questo libro rappresenta un approfondimento tematico dei volumi "Percorsi Esperienziali e Interpretazione del Patrimonio Culturale Vol. 1: Origini e Principi Teorici - 2022" e "Turismo e Marketing Esperienziale - 2023" ed è rivolto principalmente agli studenti che frequentano corsi in materia di turismo esperienziale. Tuttavia, così come per gli altri volumi precedentemente pubblicati in ambito turistico e culturale, tra cui i volumi Guest Experience, Art Experience, Dinner Experience e Outdoor Exploration Experience, ritengo che possa essere di utilità anche per un pubblico più vasto, includendo professionisti e operatori del settore degli eventi.

Una delle caratteristiche di questo volume è la sua natura di "libro espandibile". Offre infatti la possibilità di arricchire le informazioni contenute con ulteriori dettagli e approfondimenti, anche di tipo multimediale, che non sono direttamente inclusi nel libro. In vari punti, sono forniti link e relativi QR-Code, che conducono a schede di approfondimento accessibili semplicemente con un telefono dotato di lettore QR-Code..

Gran parte del contenuto di questo volume è estratto dal corso "Event Experience" la cui pagina dedicata è raggiungibile al seguente link:

https://www.centrostudihelios.it/spe137-event-experience/

Introduzione

Come descritto nella premessa, questo libro riprende e approfondisce i concetti espressi in un volume precedente, adattandoli al settore specifico della "Event Experience".

Il volume classifica le Event Experiences in diverse tipologie: Cultural Event Experience; Entertainment and Show Experience; Educational Event Experience, Commercial and Corporate Event Experience e Integrative Event Experience

Per ciascuno dei principi esperienziali, considerati come indicatori di esperienza: Multisensorialità, Approccio Culturale, Unicità, Relazionalità, Partecipazione Diretta, Apprendimento Esperienziale, Tematicità, Estetica, Intrattenimento e Immersione, viene descritta la loro applicabilità agli eventi, fornendo centinaia di esempi operativi e casi di studio.

Infine, il libro descrive come l'evoluzione del settore turistico verso un'ottica esperienziale evidenzi la crescente necessità di nuove figure professionali focalizzate sulla Event Experience, nonché la specializzazione delle figure tradizionali che, pur mantenendo la loro identità, possono ampliare la loro professionalità integrando competenze di natura esperienziale e diventando degli "Specialisti in Event Experience".

1. Event Experience

1.1 Il concetto di "esperienza"

Rivediamo e integriamo alcuni concetti già presentati nei volumi "Turismo e Marketing Esperienziale[1] e Percorsi Esperienziali e Interpretazione del Patrimonio Culturale[2]

Le offerte economiche

Gli americani Pine e Gilmore [L'economia delle Esperienza: Oltre il servizio -1999- 2013] distinguono diverse offerte economiche:

- **Le materie prime** (commodity): materiali fungibili estratti dal mondo naturale, animale, minerale o vegetale;
- **I beni:** manufatti tangibili;
- **I servizi:** attività intangibili.
- **Le esperienze:** eventi memorabili che coinvolgono gli individui sul piano personale.

Le esperienze ci sono sempre state, ma nei fatti sono state sempre considerate all'interno dei servizi. Pine e Gilmore individuano delle distinzioni economiche in base al tipo di offerta.

Pine e Gilmore sottolineano il fatto che nel tempo si sia passati da una economia basta prevalentemente sulle materie prime ad una economia prima basata sui beni e successivamente sui servizi e che il XXI secolo costituisce il periodo in cui si assisterà alla trasformazione da una economia basata prevalentemente sui servizi ad un'economia basata sulle esperienze.

---

[1] Ignazio Caloggero: Turismo e Marketing Esperienziale. 2023 Edizione Centro Studi Helios
[2] Ignazio Caloggero: Percorsi Esperienziali e Interpretazione del Patrimonio Culturale Vol. 1: Origini e Principi Teorici – Centro Studi Helios 2022

Esperienze: Eventi memorabili che coinvolgono gli individui sul piano personale [Pine e Gilmore – 1999].

Secondo Pine e Gilmore [L'economia delle Esperienza: Oltre il servizio -1999-2013] le esperienze sono personali, hanno luogo all'interno dell'individuo che viene coinvolto a livello emotivo, fisico intellettuale o anche spirituale.

Esperienze multisensoriali: Esperienze che vedono un coinvolgimento polisensoriale (coinvolgimento di almeno due o più sensi: vista, udito, tatto, olfatto, gusto) (Ignazio Caloggero - 2019-2022)

Turismo Esperienziale: quando l'offerta turistica comprende una o più offerte esperienziali.

Offerta Esperienziale: quando l'esperienza costituisce l'oggetto primario dell'offerta.

E' opportuno chiarire cosa si intende per "evento".

Definizione di evento

Non esistono molte definizioni formali di evento salvo quella definita dalla norma UNI ISO 20121 "Sistemi di gestione sostenibile degli eventi".

Evento: Riunione pianificata in termini di tempo e luogo nella quale è creata un'esperienza e/o è comunicato un messaggio.

Un evento anche se ripetuto (edizioni) è unico perché oltre all'aspetto temporale, molti altri aspetti che costituiscono il contesto dell'evento saranno irripetibili.

Riferendoci agli eventi rientranti nel nostro ambito di interesse, possiamo definire gli eventi esperienziali (Event Experience) come:

Event Experience: Esperienza multisensoriale e unica che ruota intono ad eventi pianificati in termini di tempo e luogo, di natura culturale, commerciale, educativa o di intrattenimento. Questo tipo di esperienza, grazie all'applicazione dei principi esperienziali, mira a coinvolgere attivamente i partecipanti, offrendo opportunità di vivere momenti profondamente coinvolgenti e memorabili.

Questi eventi possono variare per dimensione, pubblico target e obiettivi, ma condividono l'elemento comune di essere esperienze pianificate e strutturate.

La **Event Experience** mira ad applicare molti di quelli che possono essere considerati i dieci principi esperienziali. Più sono i principi esperienziali applicati, più è elevato il livello di esperienza vissuta dai partecipanti.

1. **Multisensorialità**: Il percorso esperienziale deve prevedere un coinvolgimento multisensoriale (vista, udito, tatto, olfatto e gusto).

2. **Approccio Culturale**: Il percorso esperienziale deve permettere di approfondire la conoscenza di elementi di identità culturale.

3. **Unicità**: Il percorso esperienziale deve presentare caratteristiche di unicità.

4. **Approccio Relazionale**: Il percorso esperienziale deve essere basato sulle relazioni, ponendo al centro l'unicità delle persone.

5. **Partecipazione Diretta**: Il percorso esperienziale deve prevedere la partecipazione diretta dei partecipanti ad alcune attività.

6. **Apprendimento Esperienziale**: Il percorso esperienziale deve favorire l'apprendimento attivo attraverso la partecipazione diretta dei partecipanti.

7. **Approccio Tematico**: Ogni percorso esperienziale dovrà essere costruito attorno a un tema che ne costituisce il filo conduttore.

8. **Approccio Estetico**.

9. **Intrattenimento**: Il percorso esperienziale dovrebbe includere momenti di intrattenimento che arricchiscono l'esperienza.

10. **Immersione**.

Ecco tali principi rivisti nel contesto della Event Experience:

1. Multisensorialità: Il percorso esperienziale deve prevedere un coinvolgimento multisensoriale (vista, udito, tatto, olfatto e gusto).

Negli Event Experiences, questo significa creare ambienti che stimolino tutti i sensi dei partecipanti. La vista è coinvolta attraverso scenografie accattivanti, illuminazioni suggestive e un'attenta cura dell'estetica visiva. L'udito è stimolato con musica, effetti sonori o performance audio dal vivo. Il tatto può essere coinvolto attraverso interazioni fisiche con installazioni, materiali o oggetti tematici. L'olfatto può essere attivato utilizzando profumi ambientali o aromi legati al tema dell'evento. Il gusto è coinvolto offrendo degustazioni, catering tematico o esperienze gastronomiche correlate. L'obiettivo è creare un'esperienza immersiva che coinvolga completamente i partecipanti.

2. Approccio Culturale: Il percorso esperienziale deve permettere di approfondire la conoscenza di elementi di identità culturale.

Gli Event Experiences dovrebbero offrire ai partecipanti l'opportunità di esplorare e comprendere aspetti culturali legati al tema dell'evento. Questo può includere la presentazione di tradizioni locali, esibizioni artistiche, eventi culturali, o laboratori che approfondiscono pratiche e conoscenze tradizionali. In questo modo, l'evento diventa un mezzo per valorizzare e diffondere il patrimonio culturale, arricchendo l'esperienza dei partecipanti con contenuti significativi.

3. Unicità: Il percorso esperienziale deve presentare caratteristiche di unicità.

Ogni Event Experience dovrebbe essere progettato per offrire qualcosa di irripetibile. Questo può essere ottenuto attraverso concept innovativi, location esclusive, collaborazioni con artisti o esperti unici, o l'introduzione di elementi sorpresa. L'unicità dell'evento aumenta il suo valore percepito e crea un forte impatto emotivo sui partecipanti, rendendo l'esperienza memorabile e distintiva.

4. Approccio Relazionale: Il percorso esperienziale deve essere basato sulle relazioni, ponendo al centro l'unicità delle persone.

Negli Event Experiences, è fondamentale creare opportunità per la connessione tra i partecipanti, gli organizzatori e gli eventuali artisti, relatori presenti o il contesto di riferimento alla base dell'evento . Questo può essere facilitato attraverso attività interattive, momenti di networking, discussioni guidate o spazi pensati per l'interazione sociale. Ponendo al centro le persone e le loro storie, l'evento favorisce la costruzione di relazioni significative e arricchisce l'esperienza umana.

5. Partecipazione Diretta: Il percorso esperienziale deve prevedere la partecipazione diretta dei partecipanti ad alcune attività.

Invece di essere semplici spettatori, i partecipanti agli Event Experiences dovrebbero essere coinvolti attivamente. Questo può includere workshop pratici, sessioni interattive, giochi di ruolo, o altre forme di coinvolgimento diretto. La partecipazione diretta aumenta il coinvolgimento emotivo e cognitivo, trasformando i partecipanti in protagonisti dell'evento.

6. Apprendimento Esperienziale: Il percorso esperienziale deve favorire l'apprendimento attivo attraverso la partecipazione diretta dei partecipanti.

Gli Event Experiences possono essere un potente strumento educativo. Attraverso attività pratiche, dimostrazioni dal vivo, e interazioni con esperti, i partecipanti possono acquisire nuove conoscenze e competenze. L'apprendimento avviene in modo naturale e coinvolgente, poiché è integrato nell'esperienza complessiva dell'evento.

7. Approccio Tematico: Ogni percorso esperienziale dovrà essere costruito attorno a un tema che ne costituisce il filo conduttore.

Un tema centrale dà coerenza e direzione all'Event Experience. Questo tema guida la scelta delle attività, la scenografia, la comunicazione e persino il catering, laddove previsto. Che si tratti di un'epoca storica, di un fenomeno culturale, di un concetto artistico o di una causa sociale, il tema deve essere integrato in ogni aspetto dell'evento per creare un'esperienza coerente e immersiva.

8. Approccio Estetico. L'estetica dell'esperienza deve essere attentamente curata.

Negli Event Experiences, questo implica una progettazione attenta degli spazi, dell'illuminazione, della grafica e di tutti gli elementi visivi. Ogni dettaglio, dai materiali utilizzati all'abbigliamento del personale, dovrebbe riflettere il tema e contribuire all'atmosfera generale. Un forte approccio estetico eleva la qualità percepita dell'evento e ne amplifica l'impatto emotivo.

9. Intrattenimento: Il percorso esperienziale dovrebbe includere momenti di intrattenimento che arricchiscono l'esperienza.

L'intrattenimento è un componente chiave degli Event Experiences. Questo può manifestarsi attraverso performance artistiche, esibizioni musicali, spettacoli teatrali o altre forme di divertimento coerenti con il tema. L'intrattenimento non solo mantiene alto il livello di energia dell'evento, ma crea anche momenti di piacere e sorpresa che i partecipanti ricorderanno a lungo.

10. Immersione. Il principio di immersione si realizza prevalentemente attraverso la combinazione di multisensorialità, partecipazione diretta, approccio estetico e approccio tematico.

Negli Event Experiences, l'obiettivo è creare un ambiente in cui i partecipanti possano immergersi completamente nell'esperienza proposta. Coinvolgendo tutti i sensi, stimolando la partecipazione attiva e avvolgendo i partecipanti in un'atmosfera esteticamente curata e tematicamente coerente, l'evento permette loro di distaccarsi dalla realtà quotidiana. L'immersione, quindi, non è solo fisica, ma coinvolge emozioni e sensi, creando una connessione profonda che consente ai partecipanti di vivere l'evento in modo totale, creando una connessione intensa con il contesto, le attività e i contenuti proposti

I livelli di Esperienza sono legati al livello di applicazione di tali principi.

Evento Esperienziale Semplice (Primo Livello): Esperienza multisensoriale che presenta caratteristiche di unicità.

Principi applicati: Multisensorialità e Unicità (Principi 1, 3).

In questo livello, l'evento offre stimoli sensoriali vari e presenta aspetti unici che lo distinguono da altri eventi simili.

Evento Esperienziale Autentico (Secondo Livello): Esperienza multisensoriale, unica e tematica, basata sulle relazioni, che offre momenti di apprendimento esperienziale e interazione con il contesto.

Principi applicati: Multisensorialità, Unicità, Approccio Relazionale, Partecipazione Diretta, Apprendimento Esperienziale, Approccio Tematico (Principi 1, 3, 4, 5, 6, 7).

In questo livello, oltre ai principi del primo livello, l'evento favorisce le relazioni tra i partecipanti e con l'oggetto dell'evento, incoraggia la partecipazione attiva e l'apprendimento attraverso esperienze dirette, il tutto strutturato attorno a un tema centrale.

Evento Esperienziale Pieno (Terzo Livello): Esperienza multisensoriale, culturale, unica, tematica e immersiva, basata sull'approccio estetico e sulle relazioni, che offre momenti di intrattenimento, apprendimento esperienziale e interazione profonda con l'evento stesso.

Principi applicati: Multisensorialità, Approccio Culturale, Unicità, Approccio Relazionale, Partecipazione Diretta, Apprendimento Esperienziale, Approccio Tematico, Approccio Estetico, Intrattenimento, Immersione (Principi 1, 2, 3, 4, 5, 6, 7, 8, 9, 10).

In questo livello massimo, l'evento incorpora tutti i principi esperienziali. L'approccio estetico è curato nei minimi dettagli, l'intrattenimento è integrato per arricchire l'esperienza, e l'immersione è totale, coinvolgendo i partecipanti sia fisicamente che emotivamente. L'interazione con l'evento è profonda, creando un'esperienza indimenticabile.

Un altro aspetto da prendere in considerazione è quello di considerare l'applicabilità endogena o esogena del principio in base al tipo di attività esperienziale

- **Principio endogeno**: il principio è rispettato dalla natura stessa dell'offerta esperienziale
- **Principio esogeno**: il principio è rispettato integrando elementi che arricchiscono l'esperienza.

Prendiamo ad esempio il principio della multisensorialità.

Una passeggiata nei campi, a diretto contatto con la natura o nei luoghi di produzione in un ambiente rurale può essere una occasione di una esperienza multisensoriale davvero unica (requisito endogeno):

- **Tatto**: percepire gli effetti del vento sulla pelle e toccare con le mani fiori, animali, alberi;
- **Udito**: il suono degli insetti, degli animali o i rumori della natura;
- **Olfatto**: l'odore dei fiori, del fieno, dell'uva pestata, del vino, dell'olio spremuto, delle erbe aromatiche;
- **Vista**: la visione delle bellezze naturali, culturali o degli animali incontrati o dei cibi degustati:

Il requisito di multisensorialità può essere applicato anche in altri contesti in modo esogeno, semplicemente aggiungendo, laddove si rende necessario, elementi che arricchiscono l'esperienza: **luci**, **odori**, **suoni**, **ambienti immersivi** ed altri stimoli sensoriali.

Il percorso esperienziale può essere visto come un processo. Di seguito, una suddivisione dei principi del percorso esperienziale (tra parentesi), in base a quelli che possiamo considerate i macro-obiettivi del processo esperienziale.

- **Esperienze attraverso i sensi** (coinvolgimento sensoriale) (1, 5, 7, 8, 10)
- **Esperienze attraverso le emozioni** (coinvolgimento emotivo) (2, 3, 4, 6, 9)

I principi non vanno visti come appartenenti in senso stretto ad uno dei macro-obiettivi citati in quanto ogni principio in realtà può costituire un elemento rafforzativo di altri principi inseriti in altri macro-obiettivi. Anche i due macro-obiettivi presentati non vanno visti in modo autonomo, infatti, ad esempio, il coinvolgimento sensoriale sono elementi essenziali anche per il coinvolgimento emotivo.

Esperienze attraverso i sensi (coinvolgimento sensoriale)

I principi particolarmente interessati e che concorrono al coinvolgimento sensoriale sono:

1) Approccio Multisensoriale

5) Partecipazione

7) Approccio tematico

8) Approccio estetico

10) Immersione

Le esperienze dirette e i percorsi interattivi sono di per sé multisensoriali (1) in quanto comportano il coinvolgimento di gran parte dei sensi: vista, udito, tatto, olfatto e in alcuni casi, gusto. La partecipazione diretta dei partecipanti (5) in attività svolte in un contesto significativo dal punto di vista estetico (8) contribuirà a rendere l'esperienza anche immersiva (10).

Anche un tema (7) coerente che costituisce il filo conduttore del percorso esperienziale contribuirà al principio di immersione e quindi al coinvolgimento sensoriale.

Esperienze attraverso le emozioni (coinvolgimento emotivo)

Ricordando che il coinvolgimento sensoriale è elemento essenziale anche per il coinvolgimento emotivo, gli altri principi particolarmente interessati e che concorrono, assieme a quelli elencati, al coinvolgimento emotivo sono:

2) Approccio culturale

3) Unicità

4) Approccio relazionale (centralità dei partecipanti)

6) Processo educativo (apprendimento esperienziale)

9) Intrattenimento

I principi Approccio culturale (2) e Unicità (3), sono principi endogeni negli eventi di natura culturale e sono alla base del coinvolgimento emotivo dei partecipanti.

Un evento esperienziale, di qualunque tipo esso sia, dovrebbe essere caratterizzato dal fatto di essere un processo interattivo che si traduce in una forte relazione tra l'evento stesso, gli organizzatori e i partecipanti (4).

La presenza di momenti di apprendimento esperienziale (6) in cui è prevista la partecipazione diretta dei partecipanti, oltre a rafforzare il principio di immersione e quindi un maggior coinvolgimento sensoriale, costituisce anche elemento di coinvolgimento emotivo.

I momenti di intrattenimento (9) sono sicuramente utili ai fini di un coinvolgimento emotivo dei partecipanti, soprattutto se vedono il loro coinvolgimento diretto in attività ludiche e educative legate al tema dell'esperienza.

1.2 Il Repertorio delle Attività Esperienziali

Una volta fornite le definizioni che chiariscono il significato di offerta esperienziale e individuati i principi che sono alla base del concetto stesso di esperienza, può essere sicuramente utile individuare le tipologie di attività alle quali è possibile applicare tali principi, che costituiscono l'ambito di applicazione delle offerte esperienziali.

Nasce quindi quello che ho chiamato il "Repertorio delle Attività Esperienziali", che può essere considerato come una classificazione delle attività esperienziali. Tale classificazione potrà evolversi nel tempo con l'aggiunta di nuove categorie o sottocategorie, o con la ricollocazione di alcune attività. Al momento, la versione attuale è la 2.4.

Repertorio delle Attività Esperienziali (Rev 2.4):

- **Dinner Experience (DIE):** Esperienze enogastronomiche

    1. Show Cooking Experience

    2. Sensorial Dinner Experience

    3. Immersive Dinner Experience

    4. Location Dinner Experience

    5. Narrative Dinner Experience

    6. Dinner Show Experience (****)

    7. Art Dinner Experience

    8. School Dinner Experience

    9. Sustainable Dinner Experience

10. Wellness Dinner Experience

- **Guest Experience (GUE):** Esperienze legate al settore della ricettività

    1. Sensorial Guest Experience

    2. Narrative Guest Experience

    3. Location Guest Experience

        o   Seaside Village Experience

        o   Farmhouse Experience

        o   Glamping Experience

    4. Integrative Guest Experience

- **Outdoor Exploration Experience (Escursioni Esperienziali) (OEE) (***)**

  1. Trekking and Hiking Experience

  2. Bike Experience

  3. Diving Experience

  4. Speleology and Caving Experience

  5. River Experience

  6. Horse and Donkey Experience

  7. Nordic Walking Experience

  8. Safari Experience

  9. Forest Bathing Experience

  10. Wildlife Tracking Experience

  11. Glacier Exploration Experience

  12. Desert Exploration Experience

  13. Archaeological Exploration Experience

  14. Off Road Experience

  15. Climbing Experience

- **Open Air Experience (OAE):** Esperienze a stretto contatto con la natura o all'aperto, conosciuto anche con il termine Outdoor Experience (ad esclusione delle OEE) (***)

    o   Animal Experience

    o   Marine Life Experience

    o   Flight Experience

    o   Fishing Tourism Experience (Pescaturismo)

- **Event Experience (EVE)** .

    1. **Cultural Event Experience:** Eventi progettati per l'intrattenimento del pubblico attraverso attività culturali, con un approccio ludico e ricreativo

    2. **Educational Event Experience:** Eventi con finalità educative o formative, mirati all'apprendimento e allo sviluppo personale o professionale

    3. **Commercial and Corporate Event Experience:** Eventi organizzati per scopi commerciali o aziendali, come promuovere prodotti, servizi o favorire il networking professionale

    4. **Entertainment and Show Experience:** Esperienze focalizzate sull'intrattenimento e lo spettacolo nei diversi settori del turismo e del tempo libero.

5. **Private and Social Event Experience:** Eventi privati organizzati per scopi personali o sociali, spesso su invito e rivolti a un gruppo selezionato di partecipanti come familiari, amici o colleghi. Questi eventi sono progettati per celebrare momenti significativi, rafforzare legami personali e creare esperienze memorabili su un piano intimo e privato

6. **Integrative Event Experience:** Eventi che combinano elementi di varie categorie e sottocategorie per creare esperienze uniche e multidimensionali.

- **Cultural Heritage Experience (CHE):** Esperienze orientate all'apprendimento e alla valorizzazione del patrimonio culturale, con un approccio educativo e interpretativo.

  1. Food and Wine Experience

  2. Heritage Sides Experience

  3. Intangible Cultural Heritage Experience

  4. Cultural Expositive Experience

      o   Museum/Ecomuseum Experience

      o   Art Experience

  5. Cultural Entertainment Experience

  6. Cultural Learning Experience

  7. Heritage Interpretation Experience

  8. Roots Tourism Experience (Esperienze di Turismo delle Radici)

- **Wellness Experience (WLE):** Esperienze legate al Benessere psico fisico.

    1. Spa and Thermal Experience

    2. MindFullness Experience

    3. Physical Activities Experience

    4. Nutrition Experience

    5. Wellness Retreats Experience

    6. Holistic Programs Experience

- **Experiential Marketing (EMA):** Esperienze prevalentemente a carattere commerciale offerte da Negozi, Shop Center,

- **Travel Experience (TRE:** La **Travel Experience** comprende pacchetti turistici integrati, come crociere, offerte all-inclusive e altre tipologie di viaggi organizzati, che offrono una molteplicità di esperienze appartenenti a una o più delle altre categorie esperienziali (Cultural Heritage Experience, Guest Experience, Event Experience, ecc.)

    1. Cruise Travel Experience

    2. Adventure Travel Experience

    3. Wellness Travel Experience

    4. Business Travel Experience

    5. Luxury Travel Experience

    6. Spiritual Travel Experience

    7. Sports Travel Experience

8. Music Travel Experience (Gig Tripping)

9. Film Travel Experience

(**) Dalla versione 2.0 le categorie Event Experience ed Entertainment and Show Experience sono state unificate, con quest'ultima che è diventata una sottocategoria della prima ed è stata eliminata la Sport Experience.

(***) La Outdoor Exploration Experience (Escursioni Esperienziali) (OEE) rientrerebbe, dal punto di vista operativo nella Open Air Experience (OAE), tuttavia, per motivi di semplificazione, a partire dalla versione 2.4 è vista come categoria a parte.

La classificazione delle attività esperienziali non va vista in senso stretto in quanto un tipo di esperienza può rientrare in più di una categoria. Ad esempio, sono da considerarsi Open Air Experiences anche le Glamping Experiences ed in alcuni casi le Farmhouse Experiences che nell'attuale revisione del repertorio delle attività esperienziali, per motivi pratici e per risaltare l'aspetto legato alla ospitalità, sono stati inseriti all'interno della categoria Guest Experience. L'Open Air Experience ha comunque stretti contatti con molte altre esperienze in campo aperto inserite in altre categorie (Dinner Experiences, Guest Experiences, Entertainment Experience, Cultural Heritage Experiences, Wellness Experiences, ecc.)

In molti casi, il rapporto tra le diverse tipologie di esperienze è molto stretto, come nel caso delle **Cultural Event Experiences** e delle **Cultural Heritage Experiences**. Un'iniziativa può essere collocata nella categoria **Cultural Event Experiences** se l'obiettivo principale è divertire e offrire un'esperienza ludica utilizzando elementi culturali come sfondo o tema, mentre può essere inserita nella **Cultural Heritage Experiences** se l'obiettivo è educare, informare e promuovere la comprensione profonda del patrimonio culturale.

Esempi

- **Esempio 1:** Un festival che combina spettacoli musicali (ludico) con workshop sulla storia della musica locale (educativo). Se l'enfasi fosse sul divertimento, potrebbe essere classificato come **Cultural Event Experience**; se l'enfasi è sull'apprendimento, allora come **Cultural Heritage Experience**.

- **Esempio 2:** Una rievocazione storica con spettacoli interattivi. Se lo scopo fosse far divertire il pubblico attraverso rappresentazioni storiche, potrebbe rientrare nella **Cultural Event Experience**. Se invece mira a educare il pubblico sulla storia attraverso l'interazione diretta e l'approfondimento dei fatti storici, allora può essere classificata come **Cultural Heritage Experience**.

(****) Le Dinner Show Experience possono essere considerate come una tipologia delle Dinner Experience o come Entertainment and Show Experience, una tipologia di Event Experience. Queste esperienze possono avere una doppia classificazione o considerare la categoria che più risponde all'approccio prevalente:

- Se l'obiettivo principale è offrire un'esperienza culinaria eccezionale, con l'intrattenimento come complemento, allora il Dinner Show rientra nelle Dinner Experience.
- Se l'obiettivo principale è l'intrattenimento e lo spettacolo, con il cibo che supporta l'esperienza, allora il Dinner Show è una Event Experience nella categoria "Entertainment and Show Experience".

La classificazione è uno strumento per organizzare e comprendere meglio le offerte disponibili e non deve limitare la creatività o la complessità delle esperienze proposte. L'importante è che la classificazione rifletta il valore e l'approccio principale dell'esperienza, facilitando la scelta e l'accesso da parte del pubblico interessato.

La versione aggiornata del Repertorio è consultabile al seguente indirizzo web:

https://www.itinerariesperienziali.it/repertorio-delle-attivita-esperienziali/

1.3 Il Marchio di Qualità Esperienziale

Il panorama delle offerte legate agli eventi sta evolvendo: le proposte tradizionali lasciano spazio a una crescente domanda di eventi esperienziali. Questo cambiamento rende necessaria una chiara distinzione tra le autentiche offerte esperienziali e quelle che portano solo l'etichetta di "esperienziale". Tale distinzione è fondamentale non solo per i fruitori, che devono orientarsi tra le numerose proposte disponibili, ma anche per gli organizzatori di eventi culturali, di intrattenimento, educativi, commerciali o aziendali.

I tradizionali "partecipanti", un tempo interessati solo all'evento in sé, sono oggi sostituiti da "attori" alla ricerca di esperienze memorabili. In questo contesto, diventa essenziale garantire la qualità dell'esperienza attraverso un Marchio che attesti il rispetto dei requisiti di Qualità Esperienziale. Questo marchio non solo aiuta i partecipanti a scegliere con consapevolezza, ma fornisce agli organizzatori un modello per creare eventi capaci di coinvolgere gli individui su un piano personale e multisensoriale, andando oltre la semplice partecipazione.

In questo scenario, il **Marchio di Qualità Esperienziale** assume un ruolo fondamentale. Non solo attesta il rispetto dei requisiti di qualità, ma garantisce che l'Event Experience offerta sia progettata e gestita in modo da coinvolgere i partecipanti sia a livello culturale che emotivo.

Il valore aggiunto del Marchio di Qualità Esperienziale è particolarmente evidente nel contesto degli eventi, dove conferisce credibilità e prestigio agli organizzatori, consentendo loro di differenziarsi in un mercato sempre più competitivo. Inoltre, rassicura i partecipanti che l'esperienza proposta è stata curata nei minimi dettagli, garantendo un'esperienza di alto livello.

Il Marchio, misurato attraverso specifici indicatori, non è solo un riconoscimento formale, ma rappresenta un impegno concreto verso l'eccellenza. Garantisce che ogni esperienza offerta non solo risponda alle aspettative dei partecipanti, ma le superi, creando ricordi duraturi e un impatto emotivo profondo.

In conclusione, il **Marchio di Qualità Esperienziale** non è semplicemente un attestato, ma un simbolo di fiducia. Assicura che ogni evento sia stato concepito per offrire un'esperienza unica e indimenticabile, rispettando rigorosamente i principi che rendono l'evento coinvolgente e trasformativa.

Per informazioni di dettaglio sul Marchio di Qualità Esperienziale rimando all'area web dedicata:

https://www.itinerariesperienziali.it/il-marchio-di-qualita-esperienziale-mqe/

2. Tipologie di Event Experience

Tipologie di Event Experience

La categoria **Event Experience** comprende tutte le esperienze legate a eventi organizzati, siano essi culturali, commerciali, educativi o di intrattenimento. Questi eventi possono variare per dimensione, pubblico target e obiettivi, ma condividono l'elemento comune di essere esperienze programmate e strutturate.

Ecco un elenco non esaustivo delle tipologie di Event Experience:

1. Cultural Event Experience: Eventi progettati per l'intrattenimento del pubblico attraverso attività culturali, con un approccio prevalentemente ludico e ricreativo. Esempi: festival culturali, celebrazioni tradizionali, rievocazioni storiche, festival cinematografici.

2. Entertainment and Show Experience: Eventi focalizzati sull'intrattenimento e lo spettacolo nei diversi settori del turismo e del tempo libero. Esempi: concerti, spettacoli teatrali, festival musicali, performance di danza, circhi, parchi a tema, eventi di cabaret.

3. Educational Event Experience: Eventi con finalità educative o formative, mirati all'apprendimento e allo sviluppo personale o professionale. Esempi: conferenze, workshop, seminari, laboratori didattici, sessioni di aggiornamento e formazione professionale, masterclass.

4. Commercial and Corporate Event Experience: Eventi organizzati per scopi commerciali o aziendali, come promuovere prodotti, servizi o favorire il networking professionale. Esempi: fiere ed esposizioni commerciali, lanci di prodotti, conferenze aziendali, eventi di networking, meeting aziendali.

5. Private and Social Event Experience: Eventi privati organizzati per scopi personali o sociali, spesso su invito e rivolti a un gruppo selezionato di partecipanti come familiari, amici o colleghi. Questi eventi sono progettati per celebrare momenti significativi, rafforzare legami personali e creare esperienze memorabili su un piano intimo e privato

6. Integrative Event Experience: Eventi che combinano elementi di varie categorie e sottocategorie per creare esperienze uniche e multidimensionali. Esempi: festival gastronomici con spettacoli musicali e workshop culinari, eventi sportivi con attività educative e culturali.

Come indicato in precedenza, in molti casi il rapporto tra le diverse tipologie di esperienze è molto stretto, come nel caso delle **Cultural Event Experiences**, sottocategoria di Event Experience, e delle **Cultural Heritage Experiences**. Un'iniziativa può essere collocata nella categoria Cultural Event Experiences se l'obiettivo principale è divertire e offrire un'esperienza ludica utilizzando elementi culturali come sfondo o tema, mentre può essere inserita nelle Cultural Heritage Experiences se l'obiettivo è educare, informare e promuovere la comprensione profonda del patrimonio culturale. Per una corretta classificazione, andrebbe quindi sempre considerato l'approccio prevalente.

Per ogni evento, un altro aspetto da ricordare è il differente livello di esperienza che ogni singolo evento può offrire, che può andare dal Primo livello (Esperienza semplice, dove sono rispettati i principi di Multisensorialità e Unicità - Principi 1 e 3), al Terzo livello, dove sono rispettati tutti e dieci i principi esperienziali.

2.1. Cultural Event Experience

La **Cultural Event Experience** comprende eventi organizzati con un forte carattere ludico e di intrattenimento, che utilizzano elementi culturali come tema o ambientazione, ma il cui obiettivo principale è divertire e intrattenere il pubblico.

Elementi della Cultural Event Experience

- **Focalizzazione sull'Intrattenimento:** L'obiettivo primario è offrire al pubblico un'esperienza piacevole e divertente, creando un ambiente coinvolgente che stimola le emozioni attraverso spettacoli, musica, danza e altre forme di intrattenimento.

- **Utilizzo di Elementi Culturali:** Gli eventi fanno riferimento a contesti culturali specifici, come tradizioni locali, festività, epoche storiche o espressioni artistiche. Altro aspetto da sottolineare è l'uso di scenografie, costumi e decorazioni che richiamano l'elemento culturale prescelto.

- **Periodicità (Eventi Ricorrenti):** Alcuni di questi eventi si ripetono annualmente o in occasioni specifiche, diventando appuntamenti fissi nel calendario culturale di una comunità.

- **Valorizzazione delle Tradizioni:** Spesso gli Eventi Culturali contribuiscono a mantenere vive le usanze e le tradizioni locali.

- **Coesione Comunitaria:** Gli Eventi Culturali possono favorire l'interazione sociale e rafforzare il senso di appartenenza a una comunità.

Distinzione dalla Cultural Heritage Experience

È importante distinguere la **Cultural Event Experience** dalla **Cultural Heritage Experience**, sebbene possano condividere alcuni elementi culturali.

- **Cultural Event Experience:**

    o **Approccio Ludico:** Focalizzata sull'intrattenimento e il divertimento.

    o **Obiettivo Primario:** Divertire il pubblico utilizzando temi culturali come sfondo.

- **Cultural Heritage Experience:**

    o **Approccio Educativo:** Mira a educare e approfondire la comprensione del patrimonio culturale.

    o **Obiettivo Primario:** Promuovere la comprensione del patrimonio culturale.

La **Cultural Event Experience** svolge quindi un ruolo significativo nel panorama degli eventi, offrendo al pubblico occasioni di divertimento che allo stesso tempo valorizzano elementi culturali. Questi eventi, oltre ad intrattenere, possono contribuire a mantenere vive le tradizioni, costituiscono uno strumento di coesione sociale e stimolano l'economia locale. La chiave del successo risiede nell'equilibrio tra intrattenimento e autenticità culturale, creando esperienze che siano allo stesso tempo coinvolgenti e significative.

Esempi Operativi:

- Festival Culturali Tematici

- Eventi Culturali Tematici

- Celebrazioni Tradizionali

- Rievocazioni Storiche

- Mercati e Fiere dell'Artigianato Tradizionale

- Notti Bianche Culturali

Ulteriori approfondimenti sugli esempi operativi citati

Festival Culturali Tematici

Eventi organizzati che promuovono e valorizzano specifici aspetti della cultura e delle arti attraverso un focus tematico. Questi festival offrono al pubblico esperienze spesso immersive e multidisciplinari, esplorando una vasta gamma di espressioni culturali e artistiche. La tematica centrale può variare tra diverse discipline, tra cui cinema, letteratura, teatro, danza, musica, gastronomia, esposizioni artistiche, cultura, tradizioni indigene e altre forme d'arte e cultura.

È opportuno segnalare che, se l'aspetto culturale è assente o limitato, o se il focus fosse concentrato su altri approcci prevalenti, il festival andrebbe classificato in altre categorie esperienziali: **Entertainment and Show Experience**, **Art Experience**, **Dinner Experience**, ecc.

In caso di dubbio, si possono assegnare più categorie, in quanto la classificazione delle attività esperienziali non va vista in senso stretto; pertanto, un tipo di esperienza può rientrare in più di una categoria.

I Festival Culturali Tematici rappresentano una vasta gamma di eventi focalizzati su diverse discipline artistiche e culturali, di seguito un elenco non esaustivo:

- **Festival Cinematografici:** Eventi focalizzati sulla proiezione di film, anteprime, incontri con registi e attori.

- **Festival Letterari:** Manifestazioni dedicate alla letteratura, con presentazioni di libri, letture, incontri con autori.

- **Festival di Musica Tradizionale:** Celebrazioni della musica tradizionale, con concerti, danze e attività culturali.

- **Festival Gastronomici:** Eventi che promuovono la cultura culinaria, con degustazioni, show cooking, workshop.

- **Festival di Arte Visiva:** Eventi che esplorano l'arte visiva attraverso mostre, workshop e incontri con fotografi.

- **Festival di Anime e Manga:** Celebrazioni della cultura pop giapponese, con focus su anime, manga, cosplay e cultura otaku.

- **Festival di Cultura Popolare e Folklore:** Eventi che valorizzano le tradizioni, l'arte e la cultura delle popolazioni indigene.
- **Altri Festival Tematici:** Qualsiasi altro festival incentrato su una specifica tematica culturale o artistica.

Caratteristiche comuni :

- **Focalizzazione Tematica:** Ogni festival è incentrato su un tema specifico o su una particolare forma d'arte o espressione culturale.

- **Programma Multidisciplinare:** Offre una varietà di attività, come spettacoli, mostre, proiezioni, workshop, conferenze e laboratori legati al tema.

- **Promozione Culturale e Artistica:** Mira a diffondere e valorizzare le espressioni artistiche e culturali, favorendo l'incontro tra artisti e pubblico.

- **Partecipazione Attiva del Pubblico:** Incoraggia l'interazione e il coinvolgimento attraverso attività esperienziali e interattive.

- **Valorizzazione del Patrimonio Culturale:** Promuove sia le tradizioni locali che le espressioni culturali contemporanee e internazionali.

Vediamo alcuni esempi di eventi che sono o potrebbero essere facilmente trasformati in Event Experience.

Eventi focalizzati sulla proiezione di film, anteprime, incontri con registi e attori.

Festival di Cannes (Cannes, Francia)

Uno dei più prestigiosi festival cinematografici internazionali, noto per le proiezioni di film, il tappeto rosso e la presenza di celebrità.

Sito Web: https://www.festival-cannes.com/

Mostra Internazionale d'Arte Cinematografica di Venezia (Italia)

Il più antico festival cinematografico del mondo. Caratterizzato da proiezioni di film d'autore, premiazioni ed eventi collaterali.

Sito Web: https://www.labiennale.org/it/cinema

Isola del Cinema (Roma, Italia)

Festival estivo con proiezioni sull'Isola Tiberina

Sito Web: https://www.isoladelcinema.com/

Sala Montjuïc (Barcellona, Spagna)

Cinema all'aperto ai piedi del Castello di Montjuïc.

Sito Web: https://www.salamontjuic.org/

Notte della Taranta (Italia)

Festival dedicato alla musica popolare salentina, in particolare alla pizzica. Il Festival è caratterizzato da concerti all'aperto, esibizioni di gruppi musicali locali e internazionali, danze tradizionali che si svolgono nelle piazze dei comuni del Salento

Sito web: https://www.lanottedellataranta.it/

Festival di Holi (India)

Conosciuto come il "Festival dei Colori", celebra l'arrivo della primavera con lanci di polveri colorate, musica e danze per le strade.

Non esiste un sito ufficiale, essendo una festività nazionale diffusa in tutto il paese.

Video: https://youtu.be/AbFIkJ8KFZ8?si=n3Utso0tB5gHIbuo

Manifestazioni dedicate alla letteratura, con presentazioni di libri, letture, incontri con autori.

Festivaletteratura di Mantova (Italia)

Evento annuale che riunisce autori, lettori e appassionati per una serie di incontri, letture e laboratori

https://www.festivaletteratura.it/

Hay Festival (Regno Unito e Internazionale)

Festival internazionale che celebra la letteratura e le arti, con edizioni in vari paesi.

Sito Web: https://www.hayfestival.com/

Bloomsday (Dublino, Irlanda)

Celebrazione annuale dell'opera di James Joyce, con letture e performance.

Sito Web: https://www.bloomsdayfestival.ie/

Scottish International Storytelling Festival (Scozia)

Festival che celebra la tradizione orale scozzese e internazionale.

Sito Web: https://www.sisf.org.uk/

Celebrazioni della musica tradizionale, con concerti, danze e attività culturali.

Celtic Connections (Glasgow, Scozia)

Festival di musica celtica che celebra le tradizioni scozzesi e internazionali.

Sito Web: https://www.celticconnections.com/

Video:

https://youtu.be/BnSFPRLnsqk?si=xNNAnUqH7MtlWcdm

Festival Interceltique de Lorient (Francia)

Evento che riunisce musicisti e artisti dalle nazioni celtiche.

Sito Web: https://www.festival-interceltique.bzh/

Eventi che combinano cibo e cultura, celebrando le tradizioni culinarie di una regione attraverso degustazioni, cooking show e laboratori

Salon du Chocolat (Parigi, Francia e Internazionale)

Evento dedicato al cioccolato con espositori, degustazioni e sfilate.

Sito Web: https://www.salon-du-chocolat.com/

Terra Madre Salone del Gusto (Torino, Italia)

Manifestazione internazionale che promuove la cultura del cibo buono, pulito e giusto.

Sito Web: https://www.slowfood.it/

Eventi che esplorano l'arte visiva attraverso mostre, workshop e incontri con fotografi.

Les Rencontres d'Arles (Francia)

Uno dei più importanti festival di fotografia al mondo.

Sito Web: https://www.rencontres-arles.com/

Fotografia Europea (Reggio Emilia, Italia)

Sito Web: https://www.fotografiaeuropea.it/

Festival dedicato alla fotografia contemporanea con mostre e eventi collaterali.

Sapporo Snow Festival (Sapporo, Giappone)

Evento invernale che presenta incredibili sculture di neve e ghiaccio, attirando milioni di visitatori ogni anno.

Sito Web: https://www.snowfes.com/english/

Video:

https://youtu.be/MUCWLMFXE0Q?si=wZ1CCwpVU1Y2gxtF

Celebrazioni della cultura pop giapponese, con focus su anime, manga, cosplay e cultura otaku.

Lucca Comics & Games (Italia)

Uno dei più grandi festival europei dedicati al fumetto, all'animazione e ai giochi.

Sito Web: https://www.luccacomicsandgames.com/it

Japan Expo (Parigi, Francia)

Festival che celebra la cultura giapponese tradizionale e contemporanea.

Sito Web: https://www.japan-expo-paris.com/

Video:

https://youtu.be/k5cxNOhSZss?si=EvXePrb1j1zyqwvY

Eventi che valorizzano le tradizioni, l'arte e la cultura delle popolazioni indigene.

Riddu Riđđu Festival (Norvegia)

Festival che promuove la cultura Sami e altre culture indigene.

Sito Web: https://riddu.no/en

Video:

https://youtu.be/S8NBX97kDH4?si=vrkizUN0iMJRl3Xe

Festival Internazionale del Folklore di Zagabria (Croazia)

Raduno di gruppi folkloristici che presentano musiche e danze tradizionali.

Sito Web: https://www.msf.hr/

Festival di Guelaguetza (Oaxaca, Messico)

Celebrazione delle tradizioni indigene con danze, musiche e costumi tipici delle diverse comunità della regione.

Video:

https://youtu.be/phywAWfT530?si=83CAZUDn8-rrlv6d

Qualsiasi altro festival incentrato su una specifica tematica culturale o artistica.

Upfest (Bristol, Regno Unito)

Descrizione: Il più grande festival europeo di street art e graffiti.

Sito Web: https://www.upfest.co.uk/

Video: https://youtu.be/WfpbSd-1eg0?si=3RRxYUpOqK4015tF

Street Art Festival di Grenoble (Francia)

Evento dedicato all'arte urbana con opere realizzate da artisti internazionali.

Sito Web: https://www.streetartfest.org/

Festival delle Lanterne di Yi Peng (Chiang Mai, Thailandia)

Evento in cui migliaia di lanterne di carta vengono lanciate nel cielo notturno, creando uno spettacolo mozzafiato.

Video:

https://youtu.be/qCKuBvskqtM?si=4adKydx2jsAldIAC

Festival di Edimburgo (Scozia, Regno Unito)

Il più grande festival artistico del mondo, con focus su teatro, musica, danza e letteratura, che si svolge ogni agosto nella città di Edimburgo.

Sito Web: https://www.edinburghfestivalcity.com/

Albuquerque International Balloon Fiesta (New Mexico, USA)

Il più grande festival di mongolfiere al mondo, con centinaia di palloni che colorano il cielo in spettacolari formazioni.

Sito Web: https://balloonfiesta.com/

Video

https://youtu.be/WIZXscviHFM?si=wnpwpmRGJ4Ep38aG

Gli Eventi Culturali Tematici sono singoli eventi culturali focalizzati su uno specifico aspetto della cultura o delle arti. La tematica centrale può appartenere a diverse discipline, tra cui cinema, letteratura, danza e musica popolare, gastronomia, arte visiva e altre forme d'arte. A differenza dei Festival, che sono eventi estesi con molteplici iniziative, gli Eventi Culturali Tematici offrono al pubblico un'esperienza concentrata e approfondita di norma su un unico tema, permettendo di focalizzare l'attenzione sull'argomento trattato.

Così come I Festival Culturali Tematici, gli Eventi Culturali Tematici rappresentano una vasta gamma di eventi focalizzati su diverse discipline artistiche e culturali, di seguito un elenco non esaustivo:

- **Presentazioni di Libri:** Eventi in cui gli autori presentano le proprie opere, leggono estratti e dialogano con il pubblico.

- **Storytelling e Narrazione Orale:** Sessioni in cui narratori condividono storie, miti, leggende o racconti personali.

- **Letture e Performance Letterarie:** Eventi culturali in cui poeti, scrittori e artisti si esibiscono recitando poesie o leggendo brani di libri, coinvolgendo il pubblico attraverso letture e interpretazioni poetiche. Questi eventi possono variare dalle letture intime in piccoli gruppi alle performance teatrali su palcoscenici più ampi. Quando la recitazione assume la forma di competizione poetica performativa, l'evento è noto come "Poetry Slam", in cui i poeti presentano testi originali davanti a un pubblico che funge da giuria.

- **Incontri con Autori e Artisti:** Occasioni per incontrare e dialogare con scrittori, poeti, drammaturghi, musicisti, attori o altri artisti.

- **Conferenza su un Argomento Culturale:** Conferenza tematica su specifici argomenti culturali.

- **Eventi di Cinema con Temi Culturali**: Proiezioni cinematografiche in spazi pubblici, spesso con una selezione di film legati a un tema culturale o storico

E' opportuno ricordare quanto detto per i Festival, eventi in cui l'aspetto culturale è assente o limitato, o se il focus è concentrato su altri approcci prevalenti, l'evento può essere classificato in altre categorie esperienziali.

Per tale motivo ho deciso di trattare in altre categorie le seguenti tipologie di eventi:

- **Concerti e Iniziative Musicali:** Entertainment and Show Experience
- **Spettacoli Teatrali:** Entertainment and Show Experience
- **Degustazione Gastronomica:** Dinner Experience[3].
- **Mostre Artistiche:** Mostre ed eventi espositivi di natura artistica, come pittura, fotografia, scultura e altre forme d'arte visiva. Se l'obiettivo principale non è l'aspetto ludico è opportuno classificare tali iniziative come Art Experience, una sottocategoria di Cultural Heritage Experience[4]

Ancora una volta ricordo che in caso di dubbio, si possono assegnare più categorie, in quanto la classificazione delle attività esperienziali non va vista in senso stretto; pertanto, un tipo di esperienza può rientrare in più di una categoria.

---

[3] Ignazio Caloggero - Dinner Experience: Principi, Esempi Operativi e Casi di Studio - 2024
[4] Ignazio Caloggero – Art Experience: Principi, Esempi Operativi e Casi di Studio - 2024

Eventi che si basano su feste, rituali o usanze storicamente radicate in una comunità. Queste celebrazioni commemorano ricorrenze religiose, storiche o culturali, e coinvolgono pratiche come processioni, cerimonie, costumi tipici, musica, danza e gastronomia tradizionale. L'obiettivo principale è mantenere vive le tradizioni e rafforzare l'identità culturale attraverso l'intrattenimento e la partecipazione collettiva.

Alcuni esempi di eventi che sono o potrebbero essere facilmente trasformati in Event Experience.

Carnevale di Rio de Janeiro (Brasile)

Una delle feste più grandi e famose al mondo, caratterizzato da sfilate di samba, carri allegorici, costumi sgargianti, musica e balli per le strade.

Video:

https://youtu.be/Py0Tl2PvlJo?si=beH0P3gVd5hZFUiu

Oktoberfest (Monaco di Baviera, Germania)

La più grande festa popolare al mondo che celebra la birra bavarese, con tende, musica tradizionale, cibo locale e giostre.

Sito Web: https://www.oktoberfest.de/

Carnevale di Venezia (Italia)

Celebre festival annuale noto per le sue elaborate maschere e costumi storici, che riporta in vita l'atmosfera della Venezia del XVIII secolo.

Video:

https://youtu.be/PKu7SrT2LLo?si=LdhrMgI_agSSWkhs

Dia de los Muertos (Messico)

Il Día de los Muertos (Giorno dei Morti) è una celebrazione tradizionale messicana che si svolge il 1° e il 2 novembre di ogni anno. Questa festività onora i defunti, celebrando la vita dei cari che non ci sono più in un'atmosfera di gioia e ricordo affettuoso. Contrariamente a quanto potrebbe suggerire il nome, non è un evento triste, ma una festa piena di colori, musica e tradizioni ricche di significato. Il Día de los Muertos è una fusione di tradizioni indigene preispaniche e influenze cattoliche introdotte dai conquistadores spagnoli. Rappresenta una visione unica della morte come parte naturale del ciclo della vita e un'occasione per ricordare e onorare i defunti in modo positivo e celebrativo.

Non esiste un sito ufficiale unico per il Día de los Muertos, poiché è una festività nazionale celebrata in tutto il Messico. Tuttavia, il **Ministero del Turismo del Messico** fornisce informazioni dettagliate sulle celebrazioni in diverse regioni:

Visit Mexico - Día de los Muertos: https://www.visitmexico.com/day-of-the-dead

Video:

https://youtu.be/_sSawpU81cI?si=oGUncpPPQj0PM2Dh

Eventi che ricreano momenti, battaglie, eventi o periodi significativi del passato attraverso rappresentazioni spesso fedeli e dettagliate. In alcune di queste rievocazioni è possibile vedere dei figuranti in costumi d'epoca che mettono in scena eventi storici utilizzando attrezzature, armi e ambientazioni che riproducono l'epoca rappresentata. Questi eventi offrono al pubblico un'esperienza immersiva, combinando intrattenimento e apprendimento storico, e promuovono la comprensione e l'apprezzamento del patrimonio storico.

Esempi:

Giostra del Saracino ad Arezzo

Descrizione: Torneo cavalleresco in cui i quartieri di Arezzo si sfidano colpendo un bersaglio rappresentante un saraceno. Include cortei storici e spettacoli.

Video:

https://youtu.be/su__XwXxscc?si=0spha2EmPUDseN_E

Regata Storica di Venezia

Evento che si tiene la prima domenica di settembre, con una sfilata di imbarcazioni storiche e competizioni di voga alla veneta lungo il Canal Grande, rievocando la gloriosa storia marittima di Venezia.

Sito Web: https://www.regatastoricavenezia.it/

Video:

https://youtu.be/6HZ2unf4l5c?si=2VV7xGME89NAEZiB

Battle of Hastings Reenactment - Battle, Inghilterra

Rievocazione annuale della Battaglia di Hastings del 1066, con centinaia di rievocatori in costume che ricreano lo scontro tra Normanni e Sassoni.

Video:

https://youtu.be/lQB01ocjxWI?si=0GMlm2rUEgOX9XXU

Landshuter Hochzeit (Matrimonio di Landshut) - Germania

Rievocazione di un matrimonio reale del 1475, con oltre 2.000 partecipanti in costumi d'epoca, tornei e festeggiamenti.

Sito Web: https://www.landshuter-hochzeit.de/

Descrizione: Eventi che promuovono l'artigianato locale, con esposizione e vendita di prodotti fatti a mano, dimostrazioni e laboratori.

Esempi:

Mercatini di Natale di Norimberga (Germania)

Famosi mercatini natalizi con prodotti artigianali e specialità culinarie.

Sito Web: https://www.christkindlesmarkt.de/en/

Fiera dell'Artigianato di Firenze (Italia)

Esposizione internazionale dell'artigianato con partecipazione di artisti e artigiani da tutto il mondo.

Video:

https://youtu.be/m88ZLU6s8HM?si=Y8WCsk_op3xwo79t

Descrizione: Eventi notturni in cui musei, gallerie, biblioteche e altri luoghi culturali rimangono aperti al pubblico con ingresso gratuito o ridotto, spesso accompagnati da eventi speciali.

Esempi:

La Notte dei Musei (Europea)

Iniziativa europea che coinvolge numerosi musei in tutta Europa.

Sito Web: https://nuitdesmusees.culture.gouv.fr/

Notte dei Musei (Italia)

Evento annuale in cui musei statali e civici aprono gratuitamente o a prezzo ridotto in orario serale e notturno. Include visite guidate, laboratori e attività per tutte le età.

Sito Web: https://www.beniculturali.it/evento/notte-dei-musei

La Notte Rosa - Riviera Romagnola

Conosciuta come il "Capodanno dell'estate italiana", coinvolge le città della Riviera Romagnola con eventi culturali, concerti e spettacoli lungo la costa.

Sito Web: https://www.lanotterosa.it/

Lange Nacht der Museen - Berlino, Germania

"Lunga Notte dei Musei" di Berlino, con oltre 70 musei che aprono le loro porte fino a tarda notte, offrendo mostre speciali e programmi culturali.

Sito Web: https://www.lange-nacht-der-museen.de/en/

Kulturnatten - Copenhagen, Danimarca

"La Notte della Cultura" offre accesso a musei, teatri, biblioteche e altri luoghi culturali con eventi speciali e attività per tutte le età.

Sito Web: https://www.kulturnatten.dk/en/culture-night

White Night Melbourne - Melbourne, Australia

Anche se non in Europa, è un evento ispirato alle Notti Bianche europee, con installazioni artistiche luminose, performance e spettacoli notturni.

Sito Web: https://whitenight.com.au/

2.2. Entertainment and Show Experience

Entertainment and Show Experience:

L'Entertainment and Show Experience costituisce una vasta gamma di esperienze turistiche e di svago, con un focus principale su varie forme di spettacolo e divertimento. Tali esperienze possono abbracciare eventi dal vivo, quali concerti, rappresentazioni teatrali e performance artistiche, ma anche attrazioni più consolidate e stabili, come parchi tematici e centri di divertimento per famiglie.

Di seguito un elenco non esaustivo di attività legate all'intrattenimento e spettacolo che potrebbero essere erogate in chiave esperienziale.

- Concerti
- Spettacoli teatrali
- Performance di danza
- Parchi a tema
- Eventi di cabaret
- Eventi di magia
- Spettacoli Comici Show di stand-up comedy (monologhi, satira)
- Eventi di arti circensi
- Eventi di cinema e proiezioni
- Spettacoli di luci e suoni
- Cene Spettacoli (Dinner Show)

Ulteriori approfondimenti su alcuni degli esempi operativi citati

Eventi musicali dal vivo in cui artisti o gruppi musicali si esibiscono davanti a un pubblico. I concerti possono spaziare tra vari generi musicali, come pop, rock, jazz, classica, elettronica e altri.

Caratteristiche:

- **Live Performance:** Interazione diretta tra artisti e pubblico.

- **Atmosfera Coinvolgente:** Uso di scenografie, luci ed effetti speciali.

- **Varietà di Location:** Dalle piccole sale ai grandi stadi e festival all'aperto.

Alcuni esempi di eventi che sono o potrebbero essere facilmente trasformati in Event Experience.

Glastonbury Festival (Regno Unito)

Uno dei più grandi festival musicali al mondo.

Sito Web: https://www.glastonburyfestivals.co.uk/

Umbria Jazz (Perugia, Italia)

Festival internazionale dedicato alla musica jazz con artisti di fama mondiale.

Sito Web: www.umbriajazz.it

Concerti Candlelight

I Concerti Candlelight sono una serie di concerti musicali originali che offrono un esperienza musicale, combinando la magia della musica classica e contemporanea con l'atmosfera suggestiva creata dalla luce soffusa delle candele. Vengono organizzati in location esclusive e spesso storiche, questi concerti intendono rendere la musica accessibile a tutti, immergendo gli spettatori in un ambiente illuminato da migliaia di candele.

Sito web: https://candlelightexperience.com/it/

Video:

https://youtu.be/Kea33r97XBQ?si=L8F2DsatxXWFnB_7

Stomp

"Stomp" è uno spettacolo che utilizza il corpo e oggetti di uso quotidiano per creare ritmo, percussioni e movimento. I performer combinano danza, musica e teatro fisico in una performance energica e creativa. Colpisce l'uso innovativo di oggetti come bidoni, scope e tubi per creare musica.

Sito Web: https://stomponline.com/

Video:

https://youtu.be/tZ7aYQtIldg?si=5rnUZpbLQ6B0CekK

Rappresentazioni sceniche che possono includere opere drammatiche, commedie, musical e performance sperimentali. Il teatro offre una forma d'arte che combina recitazione, scenografia, musica e danza.

Caratteristiche:

- **Interpretazione Artistica:** Attori professionisti che danno vita a personaggi e storie.

- **Varietà di Generi:** Dal teatro classico al contemporaneo, inclusi musical e opere sperimentali.

- **Luoghi Iconici:** Teatri storici e moderni con architetture affascinanti.

Alcuni esempi:

"Il Castello Errante" - Italia

Un'esperienza teatrale itinerante ambientata in castelli o borghi storici, dove gli spettatori seguono una storia che si sviluppa attraverso diverse location.

Sito Web: Informazioni disponibili su siti di eventi locali o presso enti turistici regionali.

Sleep No More - New York, USA

Uno spettacolo teatrale immersivo e interattivo prodotto dalla compagnia britannica Punchdrunk, ispirato al "Macbeth" di Shakespeare. Gli spettatori sono liberi di muoversi attraverso un hotel a più piani, esplorando ambienti dettagliati e seguendo gli attori mentre la storia si svolge attorno a loro.

Sito Web: https://mckittrickhotel.com/sleep-no-more/

Video:

https://youtu.be/k12NZLh_Xvg?si=hhlSrtR7nWPGTRcX

La Cena dei Cretini - Vari Teatri in Italia

Adattamento teatrale della celebre commedia francese, spesso proposto con formule che includono interazione con gli attori, cena e spettacolo, coinvolgendo il pubblico in una serata divertente.

Sito Web: Varia in base alla produzione; informazioni disponibili presso i teatri locali.

Murder Mystery Dinner (Cena con Delitto) - Varie Location Internazionali

Serate che combinano cena e spettacolo, dove gli ospiti partecipano attivamente alla risoluzione di un mistero o di un crimine, interagendo con gli attori.

Sito Web: In Italia, ad esempio: https://www.delittialdente.it/

Murder Mystery Dinner (Cena con Delitto) - Varie Location Internazionali

Spettacoli che utilizzano il movimento corporeo come forma espressiva. Possono includere danza classica, contemporanea, folkloristica, balletto e altre forme.

Caratteristiche:

- **Espressione Corporea:** Comunicazione di emozioni e storie attraverso il movimento.

- **Coreografie Complesse:** Creazione di sequenze di movimento artistiche.

- **Collaborazioni Artistiche:** Spesso combinano musica, scenografia e costumi.

Alcuni esempi di eventi che sono o potrebbero essere facilmente trasformati in Event Experience.

Flamenco Experience - Siviglia, Spagna

Esperienze di flamenco nel cuore dell'Andalusia, dove i visitatori possono assistere a spettacoli tradizionali in ambienti intimi come "tablaos" e locali storici. Spesso gli eventi sono arricchiti dalla possibilità di degustare specialità gastronomiche spagnole durante lo spettacolo.

Sito Web: https://flamencoexperience.es/

Riverdance - Spettacolo di Danza Irlandese

Riverdance è uno spettacolo di danza irlandese che ha affascinato il pubblico internazionale con le sue coreografie energiche e la musica tradizionale. Lo spettacolo celebra la cultura e la storia dell'Irlanda attraverso la danza.

Sito Web: https://riverdance.com/

Tango Porteño - Buenos Aires, Argentina

Spettacoli di tango argentino che offrono un'immersione nella cultura di Buenos Aires. I visitatori possono assistere a performance appassionate e, in alcuni casi, partecipare a lezioni di tango.

Sito Web: https://www.tangoporteno.com.ar/

Grandi complessi di divertimento basati su temi specifici, che offrono attrazioni, giostre, spettacoli e altre attività per tutte le età.

Caratteristiche:

- **Ambientazioni Tematiche:** Design e architettura ispirati a mondi fantastici, epoche storiche o franchise famosi.

- **Attrazioni Variegate:** Montagne russe, giostre acquatiche, spettacoli dal vivo.

- **Servizi Completi:** Ristoranti, negozi, alloggi e altre comodità.

Alcuni esempi di eventi che sono o potrebbero essere facilmente trasformati in Event Experience.

Disneyland Park (Parigi, Francia):

Sito Web: https://www.disneylandparis.com/it-it/

Video:

https://youtu.be/2Cb7s2U93pg?si=a-BX6Ww4qgi2BTt0

Mirabilandia (Ravenna, Italia)

Parco a tema e acquatico con numerose attrazioni e spettacoli.

Sito Web: www.mirabilandia.it

Europa-Park (Rust, Germania)

Grande parco divertimenti suddiviso in aree tematiche dedicate ai paesi europei.

Sito Web: www.europapark.de

Spettacoli in cui maghi e illusionisti eseguono trucchi, illusioni e prestidigitazione per stupire e intrattenere il pubblico.

Caratteristiche:

- **Illusioni Coinvolgenti:** Trucchi che sfidano la percezione e la logica.

- **Interazione con il Pubblico:** Spesso coinvolgono gli spettatori negli atti.

- **Varietà di Stili:** Dalla magia da palcoscenico a quella da vicino (close-up magic).

Alcuni esempi di eventi che sono o potrebbero essere facilmente trasformati in Event Experience.

The Magic Castle (Los Angeles, USA): Club privato dedicato all'arte della magia.

Sito Web: https://www.magiccastle.com/

Masters of Magic World Tour

E' un evento internazionale che offre uno spettacolo straordinario basato sull'arte della magia e dell'illusionismo. Organizzato dalla rinomata società **Masters of Magic**, questo tour mondiale riunisce alcuni dei più grandi maghi e illusionisti contemporanei, offrendo al pubblico un'esperienza unica e coinvolgente.

Sito Web: https://www.mastersofmagicworldtour.com/

Video:

https://youtu.be/YJ1dn-jgM4Y?si=i1Xcz1zWKnMIOZj0

Spettacoli che includono acrobazie, giocoleria, equilibrismo, clown e altre discipline artistiche tipiche del circo.

Caratteristiche:

- **Abilità Fisiche:** Performance che richiedono elevata preparazione atletica.

- **Elementi Visivi Suggestivi:** Costumi colorati, scenografie elaborate.

- **Spettacoli Itineranti e Fissi:** Possono essere circhi tradizionali o compagnie stabili.

Alcuni esempi di eventi che sono o potrebbero essere facilmente trasformati in Event Experience.

Cirque du Soleil - Spettacolo "Alegría"

"Alegría" è uno degli spettacoli più celebri del Cirque du Soleil, che combina acrobazie, teatro e danza in un'esperienza coinvolgente e multisensoriale. Lo spettacolo esplora temi universali come il potere, la giovinezza e l'energia.

Sito Web: https://www.cirquedusoleil.com/alegria

Chamaeleon Theatre - Berlino, Germania

Teatro situato nel quartiere Hackescher Markt di Berlino, noto per ospitare spettacoli contemporanei che combinano acrobazie, danza, musica e teatro visivo. Offre un palcoscenico per compagnie internazionali emergenti.

Sito Web: https://www.chamaeleonberlin.com/

Spettacoli di comicità dal vivo, conosciuti anche con il nome di Stand-up Comedy sono eventi comici in cui un singolo performer, noto come **stand-up comedian** o **comico**, si esibisce davanti a un pubblico utilizzando monologhi umoristici. Il comico affronta una vasta gamma di argomenti, tra cui esperienze personali, osservazioni sulla società, satira politica, relazioni interpersonali e situazioni quotidiane, con l'obiettivo di intrattenere e far ridere gli spettatori.

L'improvvisazione è una componente chiave, permettendo al comico di adattarsi alle reazioni del pubblico.

Caratteristiche:

- **Monologhi Comici:** Performance basate sulla parola e sulla capacità narrativa.

- **Satira Sociale e Politica:** Spesso affrontano temi attuali con ironia.

- **Interazione con il Pubblico:** Spesso c'è un dialogo informale con gli spettatori, che può includere domande, risposte o commenti estemporanei

Alcuni esempi di eventi che sono o potrebbero essere facilmente trasformati in Event Experience.

The Comedy Store (Londra, Regno Unito)

Uno dei più famosi club di stand-up comedy del Regno Unito.

Sito Web: www.thecomedystore.co.uk

The Eleazaro Experience

E' uno spettacolo di stand-up comedy presentato dal comico italiano **Eleazaro Rossi**, noto per il suo umorismo tagliente e la capacità di affrontare con ironia temi attuali e personali. Lo spettacolo si svolge presso la **Sala Umberto**, un teatro storico situato nel cuore di Roma.

Durante l'esibizione, Eleazaro condivide storie e aneddoti che spaziano dalle relazioni interpersonali alle contraddizioni della società moderna, coinvolgendo il pubblico con il suo stile diretto e coinvolgente. "The Eleazaro Experience" offre agli spettatori una serata ricca di risate e riflessioni, caratterizzata da una comicità autentica e senza filtri.

https://salaumberto.com/spettacoli/the-eleazaro-experience/

Spettacoli di intrattenimento che combinano musica, danza, teatro e spesso elementi comici o satirici, presentati in un ambiente intimo come un nightclub o un locale.

Confronto tra Eventi di Cabaret e Spettacoli di Comicità dal vivo.

Contenuto e Formato:

- **Spettacoli di Comicità dal Vivo:**

    o Focalizzati esclusivamente sulla comicità verbale.

    o Performance individuale, senza la presenza di altri artisti o numeri aggiuntivi.

- **Spettacoli di Cabaret:**

    o Comprendono una varietà di arti performative.

    o Struttura in stile varietà, con diversi artisti e numeri differenti.

Struttura dello Spettacolo:

- **Comicità dal Vivo:** Monologo continuo da parte del comico.

- **Cabaret:** Serie di numeri separati, spesso presentati da un conduttore o presentatore.

Elementi Artistici:

- **Comicità dal Vivo:** Basata principalmente sulla parola e sulla presenza scenica del comico.

- **Cabaret:** Include una varietà di elementi artistici, come musica dal vivo, danza, performance visive, burlesque, e altro.

Alcuni esempi di eventi che sono o potrebbero essere facilmente trasformati in Event Experience.

Salone Margherita - Roma, Italia

Storico teatro di varietà nel cuore di Roma, offre spettacoli di cabaret, rivista e musical, spesso combinati con cena.

Sito Web: https://www.salonemargherita.com/

Crazy Horse (Parigi, Francia)

Cabaret noto per i suoi spettacoli sofisticati che combinano luci e coreografie innovative.

Sito Web: www.lecrazyhorseparis.com

Spiegelworld's "Absinthe" - Las Vegas, USA

Uno spettacolo di cabaret moderno e irriverente, che combina acrobazie, commedia e intrattenimento, prevedendo in alcuni casi forme di interazione diretta con il pubblico .

Sito Web: https://spiegelworld.com/absinthe/

Video: https://spiegelworld.com/shows/absinthe/

Descrizione:

Proiezioni cinematografiche in contesti speciali, come cinema all'aperto, proiezioni in sale storiche, spesso accompagnate da eventi collaterali.

Caratteristiche:

- **Selezione Tematica:** Proiezioni di film classici, d'autore o anteprime.

- **Ambientazioni Uniche:** Proiezioni in location suggestive o insolite.

- **Eventi Collaterali:** Incontri con registi, dibattiti, workshop.

Alcuni esempi di eventi che sono o potrebbero essere facilmente trasformati in Event Experience.

Secret Cinema

Secret Cinema è un'organizzazione che crea esperienze cinematografiche immersive e interattive, dove il pubblico diventa parte integrante del film. Gli spettatori sono invitati a immergersi nell'universo del film attraverso ambientazioni ricreate, costumi e interazioni con attori.

https://www.secretcinema.com/

Rooftop Cinema Club

Il **Rooftop Cinema Club** offre proiezioni di film su tetti di edifici nelle principali città, combinando cinema all'aperto con viste panoramiche. Tra le città coinvolte: Londra, New York, Los Angeles, San Diego, Houston.

Sito Web: https://rooftopcinemaclub.com/

CineConcerti

Proiezioni di film accompagnate dall'esecuzione dal vivo della colonna sonora da parte di un'orchestra. Esempi: **CineConcerts** è un'organizzazione che produce questi eventi a livello internazionale.

Sito Web: https://www.cineconcerts.com/

Light show interattivi, Proiezioni immersive, Videomapping su edifici

Eventi che utilizzano tecnologie avanzate per creare esperienze visive e sonore immersive. Possono includere light show interattivi, proiezioni immersive e videomapping su edifici.

Caratteristiche:

- **Tecnologia Avanzata:** Uso di laser, proiezioni 3D, realtà aumentata.

- **Ambientazioni Urbane:** Spettacoli spesso realizzati su facciate di edifici storici o monumenti.

Alcuni esempi di eventi che sono o potrebbero essere facilmente trasformati in Event Experience.

Fête des Lumières (Lione, Francia)

Festival annuale delle luci che trasforma la città con installazioni luminose artistiche.

Sito Web: www.fetedeslumieres.lyon.fr

Illuminarium - Atlanta, USA

Uno spazio che offre esperienze immersive grazie a proiezioni a 360 gradi, audio coinvolgente e tecnologie interattive.

Sito Web: https://www.illuminarium.com/atlanta

Light Move Festival - Łódź, Polonia

Festival che illumina la città di Łódź con installazioni luminose, videomapping e proiezioni, mettendo in risalto il patrimonio architettonico locale.

Sito Web: https://lmf.com.pl/en/

Cene Spettacolo (Dinner Show)

Le Cene Spettacolo, conosciute in inglese come Dinner Shows, rappresentano una tipologia di Event Experience che combina l'intrattenimento dal vivo con l'esperienza gastronomica.

Ho trattato le Dinner Show nel mio libro Dinner Experience[5] ma è opportuno inserire questa tipologia di eventi anche in questo volume per ciò che ho evidenziato in uno dei capitoli precedenti.

Le Dinner Show Experience possono essere considerate come una tipologia delle Dinner Experience o come Entertainment and Show Experience, una tipologia di Event Experience. Queste esperienze possono avere una doppia classificazione o considerare la categoria che più risponde all'approccio prevalente:

- Se l'obiettivo principale è offrire un'esperienza culinaria eccezionale, con l'intrattenimento come complemento, allora il Dinner Show rientra nelle Dinner Experience.
- Se l'obiettivo principale è l'intrattenimento e lo spettacolo, con il cibo che supporta l'esperienza, allora il Dinner Show è una Event Experience nella categoria "Entertainment and Show Experience".

---

[5] Ignazio Caloggero: Dinner Experience - Qualità, Esempi Operativi e Casi di Studio - Centro Studi Helios 2024

Come evidenziato più volte, è possibile dare più classificazioni allo stesso evento, ma è fondamentale enfatizzare l'approccio prevalente. Gli organizzatori possono decidere quale aspetto enfatizzare in base al pubblico target e agli obiettivi dell'evento.

Si prenda ad esempio l'evento "Medieval Times Dinner & Tournament - USA e Canada", è possibile classificarlo:

- Come Dinner Experience: Una cena servita in stile medievale, con menù ispirati all'epoca.
- Come Entertainment and Show Experience: Tornei cavallereschi, giostre e spettacoli con cavalieri in armatura.

Sito Web: https://www.medievaltimes.com/

Caratteristiche principali della Dinner Show

- **Elemento di intrattenimento centrale**: La Dinner Show si distingue per la presenza di un forte elemento di spettacolo che si integra con il pasto. L'intrattenimento può assumere diverse forme, a seconda del tema della serata o del locale. Ecco alcune tipologie di intrattenimento frequentemente presenti in una Dinner Show:
    - **Spettacoli teatrali o musicali**: gli ospiti possono assistere a rappresentazioni dal vivo, come spettacoli teatrali, musical, ecc.
    - **Magia e illusionismo**: cene accompagnate da spettacoli di magia, con illusionisti che intrattengono gli ospiti durante o tra una portata e l'altra.
    - **Danza e performance**: ballerini o artisti circensi possono offrire performance artistiche che arricchiscono l'esperienza.
- **Coinvolgimento del pubblico**: In molte Dinner Show, il pubblico non è solo uno spettatore passivo, ma viene coinvolto attivamente nello spettacolo. Gli artisti possono interagire direttamente con gli ospiti, rompendo la barriera tra palco e sala. Questa interazione aumenta il livello di coinvolgimento e contribuisce a rendere l'esperienza più vivace.
- **Integrazione tra cibo e spettacolo**: Il pasto è curato e pensato per integrarsi con il tema dello spettacolo. Per esempio, una cena a tema medievale potrebbe includere portate ispirate alla cucina dell'epoca, con spettacoli di cavalieri o giullari. Il menu e il servizio sono in genere progettati per essere in sintonia con l'atmosfera generale.
- **Atmosfera festosa**: La Dinner Show si svolge solitamente in un ambiente festoso e interattivo, dove il ritmo del pasto è scandito dagli spettacoli. Questo crea un'atmosfera dinamica che coinvolge tutti i partecipanti e rende l'esperienza meno formale rispetto a una cena tradizionale. La musica, le luci e le scenografie giocano un ruolo fondamentale nella creazione di quest'atmosfera.

Distinzione dall'approccio teatrale di presentazione dei piatti

È importante non confondere la Dinner Show con l'approccio teatrale alla presentazione dei piatti, che riguarda la preparazione e l'impiattamento scenografico del cibo (Show Cooking). In questo caso, il focus è sull'aspetto visivo e artistico del piatto stesso, non sull'intrattenimento esterno. Nella Dinner Show, invece, il cibo è accompagnato da spettacoli che si svolgono separatamente rispetto alla preparazione o presentazione dei piatti.

Tipologie di Dinner Show

Esistono diverse declinazioni di **Dinner Show**, che possono essere adattate a contesti e tematiche specifiche:

- **Cene medievali**: con spettacoli di cavalieri e giullari, spesso accompagnati da musica d'epoca e pietanze rustiche.
- **Cabaret e burlesque**: cene accompagnate da spettacoli di danza, cabaret o performance sensuali in un'atmosfera elegante e raffinata.
- **Spettacoli di magia e illusionismo**: con protagonisti prestigiatori e illusionisti che intrattengono gli ospiti con trucchi e illusioni.
- **Cene a tema cinema o teatro**: dove i partecipanti possono rivivere l'atmosfera di un film o di una rappresentazione teatrale, con spettacoli ispirati a grandi opere cinematografiche o teatrali.

Alcuni esempi di eventi che sono o potrebbero essere facilmente trasformati in Event Experience.

Pirates Adventure Dinner Show - Maiorca, Spagna

Spettacolo per famiglie che combina acrobazie, danza e avventura a tema piratesco. Gli ospiti cenano mentre assistono a una storia coinvolgente di pirati e tesori.

Sito Web: https://piratesadventure.com/

Teatro ZinZanni - Seattle e Chicago, USA

Un mix di cabaret, circo, commedia e cena in un ambiente ispirato ai saloni europei di inizio '900.

Sito Web: https://zinzanni.com/

Ristorante Il teatro del Monastero di Cherasco

Il Ristorante Il Teatro del Monastero di Cherasco offre un'esperienza enogastronomica all'interno di un teatro del 1700, da cui prende il nome. Le cene sono spesso accompagnate da momenti di intrattenimento che prevedono cabaret e spettacoli teatrali.

Scheda web:

https://www.itinerariesperienziali.it/directory-offerte/listing/ristorante-il-teatro-del-monastero-di-cherasco/

video:

https://youtu.be/ZbDXlmwYT8g?si=GOK4USg4HNGMT8iI

Cabaret Restauranty Show, Bogotà - Santa Bárbara

Il Cabaret Restaurant Show a Bogotá, nel quartiere di Santa Bárbara, offre un'esperienza di dinner show che combina intrattenimento e cucina. Gli ospiti possono godere di spettacoli dal vivo, come cabaret, musica e performance artistiche, mentre gustano il loro pasto. Il ristorante presenta un'atmosfera elegante e teatrale, con un menu che spazia tra piatti internazionali e locali, accompagnando ogni portata con spettacoli creati per intrattenere e coinvolgere gli ospiti.

Link alla scheda web:

https://www.itinerariesperienziali.it/directory-offerte/listing/cabaret-restauranty-show-bogota-santa-barbara/

Video:

https://youtu.be/iZyKU3e1pzs?si=_aCMyvggtDBeKftk

Ristorante Maison – Milano

Il **Maison Milano** offre un'esperienza di cena combinata con spettacoli di intrattenimento. Maison Milano crea uno spettacolo ogni sera, offrendo varietà di intrattenimenti come burlesque, circo, musica dal vivo e altri tipi di spettacolo.

Scheda web:

https://www.itinerariesperienziali.it/directory-offerte/listing/ristorante-maison-milano/

video:

https://youtu.be/HGXd4cpzly0?si=Gv5CFJJJOU2XQkX5

Twisted Circus – esibizione al Cafe de Paris

Il Café de Paris è un night club di Londra situato su Coventry Street, nel West End ospita spesso lo spettacolo di Twisted Circus costituito da acrobazie aeree, giochi del fuoco, trampolieri ed altre forme di intrattenimento.

Scheda web:

https://www.itinerariesperienziali.it/directory-offerte/listing/twisted-circus-esibizione-al-cafe-de-paris/

Video: https://youtu.be/583cQ_vfUhE?si=dCDuF_rwYHYtoPAs

2.3. Commercial and Corporative Experience

Commercial and Corporate Event Experience

Eventi organizzati principalmente per scopi commerciali o aziendali. Questi eventi sono progettati per promuovere prodotti o servizi, costruire l'identità del marchio, migliorare l'immagine aziendale o favorire la condivisione di conoscenze e la collaborazione tra professionisti. Possono variare da grandi fiere internazionali a meeting aziendali interni.

Caratteristiche della Commercial and Corporate Event Experience

- **Obiettivi:** Possono essere di natura commerciale (incremento delle vendite, lancio di nuovi prodotti, espansione del mercato) o aziendale (miglioramento dell'immagine del marchio, coinvolgimento dei dipendenti, condivisione di conoscenze).

- **Pubblico Target:** Professionisti del settore (esperti, potenziali clienti, partner, investitori) o dipendenti (eventi interni focalizzati sul personale).

- **Contesti:** Solitamente location formali, come centri congressi, hotel e uffici aziendali, anche se possono essere scelte location informali a seconda degli obiettivi dell'evento.

- **Opportunità di Networking:** Occasione per stabilire partnership e collaborazioni, con sessioni di gruppo, pause networking, incontri B2B, ecc.

- **Focalizzazione su Branding e Marketing:** Uso di loghi, banner, materiali promozionali, dimostrazioni dal vivo, prove pratiche ed esperienze dirette.

Tipologie di Commercial and Corporate Event Experience

Un elenco esemplificativo e non esaustivo:

- **Fiere ed Esposizioni Commerciali**: Eventi su larga scala in cui le aziende mostrano i loro prodotti e servizi a professionisti del settore e al pubblico.

- **Lanci di Prodotti**: Eventi organizzati specificamente per introdurre nuovi prodotti o servizi sul mercato.

- **Conferenze Aziendali e Seminari**: Eventi focalizzati sulla condivisione di conoscenze, tendenze del settore e sviluppo professionale.

- **Eventi di Networking**: Incontri progettati per facilitare connessioni professionali e costruzione di relazioni.

- **Meeting e Ritiri Aziendali**: Eventi interni mirati alla pianificazione strategica, al team building e al coinvolgimento dei dipendenti.

- **Roadshow e Tour Promozionali**: Serie di eventi in diverse località per promuovere prodotti, servizi o iniziative aziendali.

- **Eventi di Premiazione e Riconoscimento**: Cerimonie per riconoscere risultati all'interno di un settore o di un'azienda.

Alcuni esempi di eventi che sono o potrebbero essere facilmente trasformati in Event Experience.

Apple Special Events - Cupertino, USA

Gli eventi speciali di **Apple** sono presentazioni ufficiali in cui l'azienda annuncia nuovi prodotti, aggiornamenti software e innovazioni tecnologiche.

Sito Web: https://www.apple.com/apple-events/

Cannes Lions International Festival of Creativity - Cannes, Francia

Un evento globale che celebra l'eccellenza nella comunicazione creativa, marketing e pubblicità. Riunisce professionisti del settore per premiare le migliori campagne e condividere tendenze.

Sito Web: https://www.canneslions.com/

Premio Compasso d'Oro (Italia)

Il Compasso d'Oro ADI è il più antico e prestigioso premio di design industriale in Italia e uno dei più importanti a livello internazionale. Istituito nel 1954 da Gio Ponti, inizialmente sotto gli auspici dei Grandi Magazzini La Rinascente, il premio è stato successivamente affidato all'ADI - Associazione per il Disegno Industriale, che ne cura l'organizzazione dal 1958.

Sito Web: https://www.adi-design.org/compasso-d-oro.html

Alibaba 11.11 Global Shopping Festival - Online e Offline, Cina

Conosciuto anche come **Singles' Day**, è l'evento di shopping online più grande al mondo organizzato da **Alibaba**, che include eventi promozionali e spettacoli dal vivo.

Sito Web: https://www.alizila.com/tag/11-11-global-shopping-festival/

2.4. Educational Event Experience

Educational Event Experience:

E' una sottocategoria delle esperienze legate agli eventi che si focalizza su manifestazioni organizzate con finalità educative o formative. Questi eventi mirano all'apprendimento e allo sviluppo personale o professionale dei partecipanti, offrendo opportunità per acquisire nuove conoscenze, competenze e abilità in vari settori.

Esempi:

- **Eventi Formativi Classici:** Corsi di formazione aziendale, programmi di sviluppo professionale e sessioni didattiche tradizionali.
- **Conferenze:** Eventi su larga scala in cui esperti condividono conoscenze su tematiche specifiche.
- **Workshop:** Sessioni pratiche focalizzate sull'apprendimento attraverso l'esperienza diretta.
- **Seminari:** Incontri formativi più ristretti che approfondiscono argomenti specifici.
- **Laboratori Didattici:** Attività pratiche che permettono di sperimentare direttamente concetti teorici.
- **Masterclass:** Lezioni specialistiche tenute da esperti di fama in un determinato settore.

E' doveroso un approfondimento che chiarisca la distinzione tra "**Educational Event Experience**" e "**Cultural Learning Experience**", soprattutto considerando che quest'ultima è una sottocategoria della macrocategoria "**Cultural Heritage Experience**". Sebbene possano esserci sovrapposizioni tra le due categorie, è importante evidenziare le differenze chiave per evitare confusioni.

Elementi distintivi tra le due categorie

Educational Event Experience: Eventi con finalità educative o formative, mirati all'apprendimento e allo sviluppo personale o professionale. Questi eventi possono riguardare qualsiasi disciplina o settore, non necessariamente legati alla cultura o al patrimonio culturale.

Cultural Learning Experience: Esperienze che si focalizzano sull'apprendimento e sulla scoperta di aspetti culturali, storici, artistici o artigianali di un determinato luogo o comunità. Queste esperienze mirano a immergere i partecipanti nel contesto culturale, promuovendo una comprensione profonda del patrimonio culturale. Esempi:

- Corsi di lingua e cultura locale.

- Visite guidate storiche e culturali.

- Workshop di musica e danza tradizionale.

- Campi archeologici o storici.

- Ritiri culturali o spirituali.

- Workshop di cucina locale.

- Laboratori di artigianato tradizionale.

A rischio di diventare monotono, ricordo ancora una volta che in caso di dubbio, si possono assegnare più categorie, in quanto la classificazione delle attività esperienziali non va vista in senso stretto; pertanto, un tipo di esperienza può rientrare in più di una categoria.

Alcuni esempi di eventi che sono o potrebbero essere facilmente trasformati in Event Experience.

World Business Forum

Il **World Business Forum** è un evento annuale che riunisce leader aziendali e pensatori influenti per condividere idee e strategie sul mondo degli affari, dell'economia e della gestione. Il forum offre sessioni formative e ispirazionali con la di speaker di alto profilo con interventi di CEO, economisti e guru del management.

Sito web: https://www.wobi.com/it/

Personal Development Workshops

Workshop dedicati allo sviluppo personale, focalizzati su competenze come gestione dello stress, comunicazione efficace, intelligenza emotiva. Questi eventi prevedono attività interattive e esercizi di autoconsapevolezza. Un esempio sono i Public Speaking Courses come quelli offerti da Toastmasters International.

Sito web https://www.toastmasters.org/

Web Summit

Una delle più grandi conferenze tecnologiche al mondo, che riunisce startup, investitori e leader del settore.

Sito Web: https://websummit.com/

Digital Design Days

Evento dedicato al design digitale, con workshop, conferenze e sessioni di networking per professionisti e appassionati.

Sito Web: https://www.digitaldesigndays.com/

2. 5. Private and Social Event Experience

Private and Social Event Experience: Eventi privati organizzati per scopi privati o sociali, spesso su invito e rivolti a un gruppo selezionato di partecipanti come familiari, amici o colleghi. Questi eventi sono progettati per celebrare momenti significativi, rafforzare legami personali e creare esperienze memorabili su un piano intimo e privato

Questi eventi sono caratterizzati da un alto grado di personalizzazione, coinvolgimento emotivo e interazione sociale, il tutto in un contesto privato ed esclusivo. Tali eventi sono su invito e non aperti al pubblico generale, il che distingue questa categoria da eventi pubblici o aperti.

Ho messo assieme i termini "Private" e "Social" tenendo conto che:

- **Private**: Enfatizza il carattere riservato dell'evento, sottolineando che è destinato a un gruppo selezionato di persone e non aperto al pubblico.

- **Social**: Si riferisce a eventi che promuovono l'interazione sociale tra i partecipanti come feste, riunioni, incontri con amici o comunità.

Molti eventi possono essere considerati Privati o Sociali a seconda dell'enfasi e del taglio che si desidera dare all'evento stesso.

E' opportuno sottolineare inoltre come il termine "Private" può includere sia eventi privati che eventi aziendali o commerciali organizzati in forma privata, come feste aziendali, cene di gala riservate, ecc.

Esempi di Eventi Privati e Sociali:

- Matrimoni e cerimonie familiari
- Anniversari
- Compleanni e feste per bambini
- Battesimi e cresime
- Feste private
- Riunioni di famiglia
- Incontri tra amici
- Feste di laurea
- Addii al celibato/nubilato
- Feste aziendali private
- Eventi esclusivi su invito
- Altri Riti di passaggio (debutto in società, quinceañera (festa di origine latino-americana dei quindici anni), pensionamento.)

Caratteristiche del Private and Social Event Experience

- **Personalizzazione Elevata:** Ogni evento è di norma progettato su misura per riflettere la personalità, i gusti e le preferenze degli organizzatori e dei partecipanti. Spesso include dettagli unici come temi specifici, decorazioni personalizzate, selezione musicale e menu dedicati.

- **Coinvolgimento Emotivo:** Gli eventi privati e sociali sono spesso legati a momenti importanti nella vita degli individui, come matrimoni, anniversari, compleanni e riti di passaggio capaci di generare emozioni e sentimenti condivisi tra i partecipanti.

- **Interazione Sociale Intima:** Gli eventi favoriscono l'interazione diretta tra i partecipanti in un ambiente raccolto, soprattutto se in presenza di attività e giochi che possono essere organizzati per stimolare la partecipazione attiva.

- **Ambiente Privato:** Gli eventi sono riservati a un gruppo selezionato di persone, spesso su invito personale. Possono svolgersi in location esclusive come ville private, spiagge isolate o sale riservate.

- **Focalizzazione sulle Relazioni Personali:** L'attenzione è centrata sulle persone e sulle loro relazioni reciproche, piuttosto che su obiettivi commerciali o promozionali.

- **Flessibilità e Adattabilità:** Gli eventi possono essere adattati alle esigenze specifiche degli organizzatori e dei partecipanti, con possibilità di modifiche in corso d'opera offrendo la libertà di scegliere orari, programmi e attività secondo le preferenze personali.

- **Diversità di Tipologie di Eventi:** Tali tipi di eventi includono una vasta gamma di eventi, dai matrimoni alle feste di compleanno, dagli anniversari ai riti di passaggio come battesimi e lauree. Può comprendere anche eventi tematici o feste a sorpresa.

- **Presenza di Tradizioni e Riti:** Molti eventi incorporano tradizioni familiari, culturali o religiose, rispettando usanze e cerimonie significative.: Possono includere rituali specifici come scambi di doni, cerimonie simboliche o gesti tradizionali.

- **Gestione Logistica su Misura:** La pianificazione e l'organizzazione dell'evento sono a volte curate con l'ausilio di professionisti come wedding planner o event manager. Include la selezione di fornitori, gestione degli inviti, coordinamento del programma.

2. 6. Integrative Event Experience

Integrative Event Experience

Eventi che combinano elementi di diverse categorie e sottocategorie di esperienze per creare un'offerta unica e multidimensionale. Questi eventi integrano attività culturali, educative, ricreative, sportive e di intrattenimento, offrendo ai partecipanti una gamma diversificata di esperienze in un unico evento. L'integrazione di vari elementi permette di attrarre un pubblico più ampio e di soddisfare diverse aspettative e preferenze. Esempi: festival gastronomici con spettacoli musicali e workshop culinari, eventi sportivi con attività educative e culturali.

Caratteristiche dell'Integrative Event Experience

- **Multidisciplinarità:**

    o **Combinazione di Elementi Diversi:** Integra aspetti di cultura, intrattenimento, educazione, sport, gastronomia e altro.

    o **Esperienze Olistiche:** Offre una visione a 360 gradi, coinvolgendo i partecipanti su vari fronti.

- **Personalizzazione dell'Esperienza:**

    o **Percorsi Diversificati:** I partecipanti possono scegliere tra diverse attività in base ai propri interessi.

    o **Coinvolgimento Attivo:** Opportunità di partecipazione attiva attraverso workshop, laboratori, performance interattive.

- **Coinvolgimento di Pubblici Diversi:**

  o **Attrattiva Ampia:** Capace di attirare persone di diverse età, background culturali e interessi.

  o **Inclusività:** Promuove la partecipazione di famiglie, gruppi, individui con interessi specifici.

- **Sinergia tra le Componenti:**

  o **Integrazione Armoniosa:** Gli elementi diversi si combinano in modo coerente, creando un'esperienza fluida.

  o **Valorizzazione Reciproca:** Ogni componente arricchisce le altre, aumentando il valore complessivo dell'evento.

Esempi di Integrative Event Experience

Un elenco esemplificativo e non esaustivo di eventi che potrebbero costituire la base di partenza per degli eventi esperienziali:

- **Festival Multidisciplinari:** Eventi che combinano musica, arte, gastronomia, cultura e attività educative.

- **Festival Gastronomici con Spettacoli e Workshop:** Eventi culinari che includono degustazioni, cooking show, concerti e laboratori.

- **Eventi Culturali con Attività Ricreative e Educative:** Festival culturali che integrano spettacoli, laboratori educativi e attività ludiche.

- **Eventi di Moda con Componenti Artistiche e Educative:** Sfilate di moda integrate con mostre d'arte, workshop e discussioni sul settore.

- **Eventi Tecnologici con Componenti Culturali e Ricreative:** Conferenze tecnologiche arricchite da concerti, esposizioni artistiche e attività interattive.

Alcuni esempi:

Sónar Festival (Barcellona, Spagna):

Festival di musica elettronica e arte multimediale che include conferenze, installazioni artistiche e performance.

Sito Web: https://sonar.es/en

Boom Festival (Portogallo):

Festival biennale che combina musica, arte, cultura alternativa, workshop e conferenze su sostenibilità e spiritualità.

Sito Web: https://www.boomfestival.org/

WOMAD (World of Music, Arts and Dance) Festival:

Descrizione: Festival itinerante che celebra la diversità culturale attraverso musica, arte, danza, workshop e mercati artigianali.

Sito Web: https://womad.co.uk/

Video:

https://youtu.be/gLHM8TfoJeI?si=pheJYVwvIFm-Az18

Taste of Roma (Roma, Italia):

Festival che combina alta cucina, musica e workshop culinari.

Sito Web: https://www.tasteofroma.it/

Edinburgh Festival Fringe (Edimburgo, Regno Unito):

Il più grande festival artistico al mondo, con teatro, danza, musica, comedy e workshop.

Sito Web: https://www.edfringe.com/experience

Fashion Week di Berlino (Germania):

Combina sfilate, mostre d'arte e conferenze sull'innovazione nel settore moda.

Sito Web: https://fashionweek.berlin/en/

Eventi Tecnologici con Componenti Culturali e Ricreative

South by Southwest (SXSW) (Austin, USA):

Festival che unisce tecnologia, musica, film e conferenze interattive.

Sito Web: https://www.sxsw.com/

3. Eventi e Principi Esperienziali

Approfondiamo i dieci principi del Percorso Esperienziale applicandoli alla Event Experience.

3.1. Multisensorialità

Principio 1: Multisensorialità

Multisensorialità: Il percorso esperienziale deve prevedere un coinvolgimento multisensoriale (vista, udito, tatto, olfatto e gusto). *Negli Event Experiences, questo significa creare ambienti che stimolino tutti i sensi dei partecipanti. La vista è coinvolta attraverso scenografie accattivanti, illuminazioni suggestive e un'attenta cura dell'estetica visiva. L'udito è stimolato con musica, effetti sonori o performance audio dal vivo. Il tatto può essere coinvolto attraverso interazioni fisiche con installazioni, materiali o oggetti tematici. L'olfatto può essere attivato utilizzando profumi ambientali o aromi legati al tema dell'evento. Il gusto è coinvolto offrendo degustazioni, catering tematico o esperienze gastronomiche correlate. L'obiettivo è creare un'esperienza immersiva che coinvolga completamente i partecipanti.*

Gli eventi, soprattutto nelle categorie **Entertainment and Show Experience** e **Cultural Event Experience**, sono spesso multisensoriali per loro natura, coinvolgendo principalmente vista e udito. Anche quando la tipologia dell'evento non prevede il coinvolgimento diretto degli altri sensi, è sempre possibile integrare elementi aggiuntivi che arricchiscono l'esperienza sensoriale, offrendo un'esperienza più completa e coinvolgente.

La vista è spesso il senso predominante negli Event Experience, soprattutto nei casi in cui l'evento è legato direttamente o indirettamente all'arte visiva. Per stimolare efficacemente questo senso, è importante curare l'estetica e l'aspetto visivo dell'evento. Ciò può includere:

- **Scenografie Accattivanti:** Creare ambientazioni tematiche e immersive. L'uso attento della scenografia e del design degli spazi in cui avvengono gli eventi, un'adeguata scelta di colori e di illuminazione, possono creare un ambiente visivamente stimolante

- **Illuminazione Suggestiva:** Utilizzare luci dinamiche, effetti speciali e colori per influenzare l'atmosfera. Anche le luci decorative, se usate in modo adeguato, come lampade di design e luci integrate nei diversi punti della location, nei pavimento e/o nei soffitti, possono aggiungere un tocco gradevole all'evento

- **Proiezioni e Mapping:** Utilizzare proiezioni di luce e video mapping che arricchiscono il contenuto dell'evento. Ad esempio, proiettare immagini in movimento sulle pareti, sul palco o sul pavimento per creare un ambiente che cambia e si evolve. E' importate che il contenuto delle proiezioni siano coerenti con il tema dell'evento e tali da non distogliere troppo l'attenzione dall'evento stesso.

Udito

Per gli eventi musicali l'udito è naturalmente coinvolto ma anche per le altre tipologie di eventi, il suono può giocare un ruolo di primo piano nel creare l'atmosfera e influenzare le emozioni dei partecipanti. Per coinvolgere l'udito:

- **Musica Appropriata:** Selezionare brani musicali che si adattino al tema e all'energia desiderata dell'evento. Ad esempio, durante eventi speciali o conferenze, la musica può essere utilizzata per impostare il tono e mantenere l'energia dell'evento. Personalizzare la musica in base al tema dell'evento e al pubblico presente per migliorare lo stimolo di appartenenza
- **Effetti Sonori:** Integrare suoni ambientali o effetti speciali per enfatizzare momenti chiave.
- **Performance Audio dal Vivo:** Includere artisti, musicisti o speaker che aggiungano una dimensione umana e immediata all'esperienza.

I Suoni come Stimoli Positivi o Negativi nelle Event Experience

Il suono è un elemento cruciale nella progettazione di Event Experience efficaci e coinvolgenti. Può agire come stimolo positivo, arricchendo l'esperienza dei partecipanti, o come stimolo negativo, causando distrazione o disagio. Utilizzato in modo strategico, può amplificare le emozioni, migliorare l'atmosfera e aumentare il coinvolgimento dei partecipanti. Tuttavia, è fondamentale essere consapevoli dei potenziali effetti negativi e adottare misure per minimizzare i disturbi

Stimoli Positivi

I suoni possono creare aspettative, migliorare l'atmosfera e approfondire l'engagement dei partecipanti:

Musica di Sottofondo: Nelle conferenze e nei seminari una musica di sottofondo leggera durante le pause può mantenere un'atmosfera piacevole. Negli eventi aziendali e lanci di prodotti la scelta di una colonna sonora appropriata può rafforzare il branding e creare un ambiente accogliente.

Suoni Tematici: In eventi tematici, l'utilizzo di suoni specifici può amplificare l'immersione dei partecipanti. Ad esempio, in un evento a tema medievale, suoni di tamburi e corni possono trasportare il pubblico in quell'epoca. Nei Festival Culturali l'integrazione di suoni tradizionali legati alla cultura rappresentata può arricchire l'autenticità dell'evento.

Effetti Sonori Speciali: Durante gli spettacoli adeguati effetti sonori possono enfatizzare momenti chiave, creare suspense o esaltare l'energia di una performance.

Stimoli Negativi

I suoni possono anche essere fonte di disturbo, compromettendo l'esperienza dei partecipanti:

Rumori Invasivi: Rumori provenienti da cantieri, traffico o altre attività esterne possono distrarre i partecipanti e disturbare l'evento. In questi casi è opportuno scegliere location adeguate o implementare soluzioni per ridurre l'impatto dei rumori esterni.

Suoni ad Alto Volume: Un volume eccessivo può causare disagio, affaticamento uditivo o addirittura danni all'udito oltre al fatto che i partecipanti potrebbero avere difficoltà a interagire tra loro o a seguire le presentazioni.

Rumori Operativi e Tecnici: Impianti di climatizzazione, generatori o attrezzature tecniche possono emettere rumori fastidiosi. Conversazioni ad alto volume del personale o attività di allestimento durante l'evento possono distrarre.

Sovrapposizione di Suoni: Musica o suoni provenienti da diverse aree possono sovrapporsi, creando una cacofonia. I partecipanti possono perdere la concentrazione a causa di suoni conflittuali. La soluzione sarebbe quindi di organizzare le aree dell'evento in modo che i suoni non si sovrappongano. In alcuni casi può essere necessario utilizzare materiali fonoassorbenti per separare acusticamente le diverse zone.

Consigli utili

- **Progettazione Acustica Adeguata:** Valutare le caratteristiche acustiche della location per identificare potenziali problemi.
- **Allineamento con il Tema dell'Evento:** Assicurarsi che i suoni scelti siano in linea con il tema e l'obiettivo dell'evento.
- **Feedback Uditivo:** Utilizzare suoni per segnalare momenti chiave, come l'inizio di una sessione o un cambio di attività.

La sensazione fisica degli ambienti, degli arredi e delle attività può influenzare significativamente la soddisfazione dei partecipanti attraverso una intelligente stimolazione tattile. Esempi:

- **Sedie e Poltrone**: Negli eventi in cui sono previsti posti a sedere, arredi ergonomici che offrono supporto adeguato possono fare una grande differenza nel comfort dei partecipanti. Sedie ergonomiche, poltrone lounge con supporto lombare e laddove presenti, divani accoglienti possono rendere gli spazi più utilizzabili e confortevoli.

- **Design Funzionale**: Arredi e attrezzature eventualmente previste negli eventi dovrebbero essere progettati per l'ergonomia e l'uso intuitivo in modo da contribuire ad una gradevole esperienza tattile.

Esperienze Tattili

Laddove la tipologia dell'evento lo permette, potrebbero essere inserite attività integrative che coinvolgono il tatto. Alcuni esempi:

- **Stanze del Relax**: Creare stanze e ambienti con strumenti per il relax, tipo sedie massaggianti, tappeti morbidi e cuscini antistress, poltrone per riposarsi o conversare che presentano tessuti morbidi e piacevoli al tatto. Inserire percorsi sensoriali con vari materiali da toccare, come tende di velluto, palline antistress e superfici tattili diverse.

- **Escursioni e Attività Outdoor**: Durante le eventuali escursioni offerte, incoraggiare gli ospiti a interagire con l'ambiente naturale, come toccare piante, fiori, rocce e acqua. Esempio: In un evento di team building in montagna, organizzare una passeggiata sensoriale nel bosco

- **Attività Pratiche**: Organizzare workshop o laboratori che coinvolgono l'uso delle mani e la manipolazione di materiali come argilla, legno, tessuti e piante.

- **Materiali Tattili di Qualità:** Utilizzare tessuti piacevoli al tatto per tovaglie, tende e rivestimenti. Esempio: In una cena di gala, scegliere tovaglie in seta o lino per un'esperienza tattile raffinata.

- **Installazioni Interattive e Tecnologiche:** Integrare tecnologia e interattività per esperienze tattili innovative.

  - **Schermi Haptici:** Dispositivi che forniscono feedback tattile quando toccati. Esempio: In una mostra tecnologica, installare schermi che vibrano o cambiano temperatura al tocco.

  - **Realtà Virtuale con Feedback Tattile:** Utilizzare guanti o dispositivi che simulano la sensazione di toccare oggetti virtuali. Esempio: In un evento di gaming, offrire esperienze VR immersive con sensazioni tattili.

  - **Pavimenti Interattivi:** Superfici che reagiscono alla pressione con effetti luminosi o sonori. Esempio: In un evento per bambini, creare una pista da ballo che si illumina sotto i piedi.

Marketing olfattivo

Il marketing olfattivo può giocare un ruolo da non sottovalutare anche nel contesto degli Event Experiences, contribuendo a creare un ambiente multisensoriale che amplifica l'impatto dell'evento stesso sui partecipanti. Poiché l'olfatto è strettamente collegato alla memoria e alle emozioni, l'uso sapiente di fragranze può evocare ricordi positivi, influenzare gli stati d'animo e rendere l'evento indimenticabile.

Applicazioni Pratiche del Marketing Olfattivo

- **Profumi Ambientali:** Diffondere fragranze specifiche che si allineino con il tema dell'evento (es. aromi floreali per un evento primaverile).

- **Aromi Tematici:** Utilizzare odori che evocano determinate ambientazioni (es. odore di mare per un evento a tema nautico o di spezie orientali in caso di eventi culturali esotici).

- **Zone Olfattive Specifiche:** Creazione di aree con fragranze distinte all'interno dell'evento per segnare passaggi o differenti ambientazioni. Esempi:
    - **Percorsi Tematici:** In un evento multisensoriale, ogni stanza o sezione potrebbe avere una fragranza unica che riflette il contenuto o l'attività proposta.
    - **Zone Relax:** Utilizzo di aromi calmanti come camomilla o vaniglia in aree destinate al riposo o alla meditazione.

- **Integrazione con Altri Stimoli Sensoriali** Coordinamento delle fragranze con elementi visivi, sonori e tattili per un'esperienza multisensoriale completa. Esempi:
  - **Spettacoli Teatrali Immersivi:** Sincronizzare l'emissione di fragranze con momenti chiave della performance per amplificare l'impatto emotivo.
  - **Stand Espositivi:** In fiere o esposizioni, utilizzare profumi che riflettano il prodotto o il servizio offerto per rafforzare il messaggio di marketing.

Considerazioni nella Scelta delle Fragranze

- **Coerenza Tematica**: La scelta delle fragranze deve essere accurata e coerente con la location e il tema dell'evento. Un'errata selezione, basata solo sui gusti personali, potrebbe risultare in un profumo fuori contesto, che distoglie l'attenzione dei partecipanti.
- **Intensità e Diffusione**: Un'errata intensità può risultare fastidiosa o invasiva per i partecipanti. E' consigliabile testare le fragranze in anticipo nello spazio dell'evento per regolare l'intensità. E laddove possibile, utilizzare sistemi di diffusione controllati che permettano di modulare la concentrazione.
- **Sensibilità dei Partecipanti:** Alcune persone possono essere allergiche o sensibili a determinati profumi. E' consigliabile evitare fragranze troppo forti o potenzialmente irritanti.
- **Originalità e Distinzione:** L'utilizzo di fragranze uniche può rendere l'evento più memorabile.

Per gli eventi a carattere enogastronomico il gusto è naturalmente coinvolto ma anche per le altre tipologie di eventi, questo quinto senso, può essere integrato negli eventi attraverso l'inclusione di momenti a carattere culinario.

Il gusto può essere coinvolto per completare l'esperienza sensoriale in vari modi:

- **Degustazioni**: Offrire assaggi di cibi o bevande che riflettano il tema, la cultura o l'ambientazione dell'evento. Esempi:
    - **Eventi Culturali**: In un festival culturale, proporre degustazioni di piatti tipici della regione o del paese rappresentato.
    - **Lanci di Prodotti**: Durante la presentazione di un nuovo prodotto, offrire snack o bevande che richiamino le caratteristiche del prodotto stesso.
- **Catering Tematico**: Servire menu specifici e personalizzati che arricchiscano la narrazione dell'evento e ne rafforzino il tema. Esempi:
    - **Eventi a Tema Storico**: Offrire pietanze preparate secondo ricette antiche o tradizionali dell'epoca rappresentata.
    - **Conferenze Aziendali**: Proporre un catering che rispecchi i valori aziendali, come menu sostenibili o a km zero.
    - **Eventi Futuristici**: Servire cibi innovativi, come piatti di cucina molecolare o presentazioni gastronomiche all'avanguardia.
- **Esperienze Gastronomiche Interattive**: Organizzare attività culinarie in cui i partecipanti sono coinvolti attivamente nella preparazione o nella scoperta di cibi e bevande. Esempi:
    - **Cooking Show:** Invitare chef rinomati a esibirsi in dimostrazioni culinarie dal vivo, mostrando tecniche e segreti della loro arte.

o **Laboratori Culinari:** Organizzare workshop in cui i partecipanti possono imparare a preparare una ricetta specifica o scoprire nuovi ingredienti.

o **Degustazioni Guidate:** Condurre sessioni di degustazione di vini, birre artigianali, oli d'oliva o cioccolato, guidate da esperti sommelier o produttori.

Benefici dell'Integrazione del Gusto nelle Event Experience

- **Coinvolgimento Multisensoriale:** Stimolare il gusto completa l'esperienza sensoriale, aumentando il coinvolgimento e l'immersione dei partecipanti.

- **Creazione di Connessioni Emotive:** I sapori possono evocare ricordi e emozioni, creando un legame più profondo tra i partecipanti e l'evento.

- **Favorire l'Interazione Sociale:** Momenti culinari condivisi incoraggiano la socializzazione e il networking tra i partecipanti.

- **Valorizzazione della Cultura Locale:** Offrire specialità locali promuove il territorio e sostiene i produttori locali.

- **Aumento della Soddisfazione dei Partecipanti:** Un'offerta gastronomica di qualità contribuisce positivamente alla percezione generale dell'evento.

Un possibile esempio di percorso tattile olfattivo

In alcuni eventi in cui il cui tema è in qualche modo ricollegabile al tema della natura, potranno essere presi a riferimento le seguenti riflessioni da me utilizzate per realizzare un percorso tattile-olfattivo che ho descritto nel mio volume Art Experience[6].

I materiali naturali, come le stoffe, e gli aromi possono essere scelti per coinvolgere i sensi del tatto e dell'olfatto. Questo va fatto nell'ottica di intensificare l'esperienza dell'evento attivando ricordi ed emozioni profonde e sfruttando l'abilità unica del tatto e dell'olfatto di evocare memorie e sensazioni con grande efficacia.

Qui di seguito, un elenco di alcuni tessuti che sono noti per le sensazioni tattili che offrono, che potrebbero essere utilizzati per creare un percorso sensoriale.

- **Velluto**: Famoso per la sua morbidezza liscia e la consistenza lussuosa, il velluto è spesso utilizzato per il suo aspetto ricco e confortevole al tocco.

- **Cashmere**: Derivato dal pelo morbido di capre specifiche, il cashmere è estremamente morbido e leggero. Questo tessuto liscio e scorrevole è apprezzato per la sua sensazione fresca e morbida sulla pelle.

- **Peluche**: Molto morbido al tatto, questo materiale è spesso utilizzato per giocattoli, coperte e abbigliamento per bambini per la sua sensazione confortevole e accogliente.

- **Lino**: E' più ruvido rispetto ad altri tessuti elencati ma è apprezzato per la sua sensazione fresca e asciutta.

- **Lana**: La lana è famosa per la sua morbidezza eccezionale e la piacevole sensazione al tatto.

---

[6] Ignazio Caloggero – Art Experience: Principi, Esempi Operativi e Casi di Studio - 2024

- **Bamboo**: Il tessuto derivato dal bambù è liscio, traspirante e ha una naturale lucentezza, rendendolo ideale per lenzuola e abbigliamento che toccano la pelle.

- **Cotone**: Il cotone è rinomato per la sua morbidezza al tatto, che lo rende piacevole sulla pelle.

- **Seta**: La seta è un tessuto altamente apprezzato per le sue straordinarie qualità tattili e visive. È conosciuta principalmente per la sua morbidezza, liscia al tatto, che offre una sensazione lussuosa e confortevole.

Oltre alle stoffe, il percorso tattile può essere arricchito utilizzando materiali naturali. Ecco un elenco di materiali naturali che potrebbero essere presi in considerazione per molti eventi:

- **Sabbia**: Offre una superficie fine e scorrevole, ottima per stimolare una sensazione leggera e delicata. E' possibile variare la granularità usando sabbia da spiaggia, sabbia del deserto, o sabbia nera vulcanica per diverse sensazioni.

- **Corteccia d'albero**: Varia notevolmente in superficie, da ruvida e scabra a più liscia e fibrosa. Diverse specie di alberi possono fornire diverse sensazioni tattili.

- **Rocce e pietre**: Usare pietre levigate dal fiume, rocce vulcaniche ruvide, o piccoli ciottoli può offrire una gamma di sensazioni.

- **Legno**: Diversi tipi di legno hanno diverse superficie, dalla liscia betulla o ciliegio al più ruvido e grezzo legno di quercia o pino. Il legno può essere presentato in forme naturali, come rami o tronchi, o lavorato e levigato.

- **Foglie e fiori**: Usare foglie di diverse piante offre variazioni di superficie, da lisce e cerosi a ruvide e pelose. Fiori freschi o essiccati possono aggiungere anche un elemento visivo e olfattivo.

- **Erba e muschio**: L'erba fresca o il muschio possono fornire una superficie morbida e spugnosa, che contrasta con materiali più duri.

- **Fibre naturali**: Come juta, canapa, o fibre di cocco possono essere intrecciate o lasciate in forme più naturali per offrire sensazioni di ruvidità e rigidità.

- **Conchiglie**: Diverse forme e superficie, dalle lisce conchiglie di vongole alle ruvide conchiglie di ostrica, possono essere interessanti da esplorare tattilmente.

- **Acqua**: L'acqua in piccole vasche o fontane può offrire un contrasto rinfrescante e può essere utilizzata per offrire esperienze di immersione delle mani o di camminata su superfici bagnate.

- **Semi e cereali**: Una varietà di semi come quelli di girasole, riso, o quinoa possono essere usati in contenitori dove i visitatori possono immergere le mani,

Volendo amplificare l'esperienza sensoriale associata a diversi materiali e contribuire a creare un'atmosfera particolare arricchire il percorso tattile in modo da renderlo anche olfattivo si può ipotizzare un abbinamento di fragranze alle stoffe e ai materiali utilizzati nel percorso. Tutti gli abbinamenti di seguito proposti sono solo suggerimenti per chi desidera realizzare percorsi sensoriali e possono variare in base alle preferenze personali o agli obiettivi specifici della fragranza.

Stoffe

Velluto: Il velluto è ricco e profondo. Aromi come l'ambra, il muschio o il patchouli possono enfatizzare la sua ricchezza e profondità sensoriale.

Cashmere: Per il cashmere, morbido e lussuoso, profumi caldi e avvolgenti come il sandalo, il muschio o persino un tocco di muschio, che possono amplificare la sensazione di comfort e raffinatezza.

Peluche: Il peluche, con la sua consistenza morbida e accogliente, può essere abbinato a fragranze che evocano una sensazione di calore, comfort e dolcezza tra questi:

Lavanda, Muschio. Caramello e Ambra.

Lino: Il lino, spesso usato in ambienti naturali e rilassanti, si abbina bene con aromi di lino fresco o di erbe come rosmarino, lavanda o erba tagliata, che rafforzano la sua connessione con la natura e la freschezza.

Lana: Per la lana, che è calda e avvolgente, odori come quelli del legno di cedro o di spezie (cannella, chiodi di garofano) possono rafforzare la sensazione di calore e conforto.

Bamboo: Il tessuto derivato dal bambù è liscio, traspirante e ha una naturale lucentezza, essendo spesso associato a qualità di leggerezza e freschezza le fragranze che potrebbero abbinarsi sono di natura Verde e Fresca (Erba tagliata e Foglie di Tè Verde) Floreale (Gelsomino e Lavanda), Agrumata (Bergamotto) e Legnosa (Cedro e Sandalo)

Cotone: Il cotone è spesso associato a freschezza e pulizia. Un odore che si abbina bene potrebbe essere quello di fiori di lino ma anche lavanda, cedro e menta.

Seta: La seta è un tessuto lussuoso e sensuale. Profumi delicati e leggermente dolci come il gelsomino, il sambuco o la vaniglia possono complementare la sensazione di lusso e comfort che la seta trasmette.

Materiali

Per abbinare fragranze ai materiali, è utile pensare a come ciascuna essenza può amplificare o complementare le caratteristiche sensoriali del materiale in questione. Ecco alcune proposte di abbinamenti:

- **Sabbia**: Quando si considera l'abbinamento di fragranze con diversi tipi di sabbia, l'idea è di evocare l'ambiente specifico e le sensazioni che quei tipi di sabbia possono suscitare. Ecco alcuni abbinamenti di fragranze che potrebbero complementare i vari tipi di sabbia:

- o **Sabbia di Mare:** La sabbia di mare evoca immagini di spiagge soleggiate e brezze marine. Le fragranze adatte potrebbero includere note marine che ricordano l'odore del mare o richiamare l'atmosfera tropicale delle spiagge esotiche (cocco)

- o **Sabbia del Deserto:** La sabbia del deserto porta con sé un'aura di vastità e misticismo. Le fragranze che si potrebbero abbinare includono Ambra e Muschio che evocano le notti fredde del deserto o Spezie Orientali (come il cardamomo o il sandalo) che ricordano i mercati speziati e l'esotismo delle oasi desertiche.

- o **Sabbia Vulcanica:** La sabbia vulcanica, con la sua origine intensa e potente, può essere accostata a fragranze che riflettano questa forza: Pepe Nero e Note Minerali che evocano la freschezza e la pungente vivacità di un paesaggio vulcanico oppure Note Fumose e Cuoio che ricordano l'elemento di fuoco e la terra bruciata tipica dei paesaggi vulcanici.

- **Corteccia d'albero:** Un possibile abbinamento dovrebbe tenere conto delle diverse specie di alberi da cui proviene la corteccia possono fornire diverse sensazioni tattili. Sono comunque consigliabili i profumi legati agli stessi alberi da cui la corteccia proviene o profumi legnosi come il sandalo o il cedro, che richiamano il profumo delle foreste e delle cortecce d'albero

- **Rocce e pietre:** Una possibile soluzione è quella di utilizzare minerali o fragranze terrose come vetiver o patchouli, che possono ricordare il profumo delle rocce e delle pietre umide.

- **Legno:** Il legno è un materiale caldo e naturale. Le fragranze di cedro e sandalo evocano una sensazione di calore e comfort, mentre il pino aggiunge un tocco di freschezza che ricorda la foresta.

- **Foglie e fiori:** Fragranza consigliata: Aromi verdi e freschi come quelli di foglie di tè verde, per riflettere il profumo vivace delle foglie nella natura. Nel caso dei fiori se possibile usare fiori naturali che emanano loro stesso il loro profumo originario.

- **Erba e muschio**: Fragranza consigliata: muschio o erba tagliata

- **Fibre naturali**: Un possibile abbinamento dovrebbe tenere conto delle diverse fibre utilizzate: juta, canapa, o fibre di cocco.

- **Conchiglie**: Per le conchiglie vale quanto detto per la sabbia del mare.

- **Acqua**: Fragranza consigliata: Note acquatiche che possono includere sentori di acqua fresca, pioggia o brezza marina, evocando la freschezza e la purezza dell'acqua naturale.

- **Semi e cereali**: Per abbinare fragranze ai semi e cereali è opportuno considerare aromi che evocano la stessa tipologia di semi e cereali utilizzati

Alcuni eventi che costituiscono esempi applicativi del principio "multisensorialità"

AVATAR: The Experience Attraction Tour – Singapore

Un tour ispirato dalla magnificenza e dalla narrativa unica del film di maggiore incasso nella storia del cinema, AVATAR. Situato nella Cloud Forest, caratterizzata dalla sua iconica vista di cascate, passerelle a spirale e una serra architettonica in vetro esclusiva, Avatar: L'Esperienza invoglia i visitatori a stabilire una connessione con il mondo extraterrestre di Pandora, i suoi ambienti bioluminescenti, creature mistiche, flora e l'affascinante cultura dei suoi abitanti indigeni, i Na'vi. Il tour prevede percorsi sensoriali in cui i partecipanti sono incoraggiati ad interagire direttamente con il contesto. Il tutto condito da suoni, immagini e momenti immersivi che arricchiscono l'esperienza.

https://www.itinerariesperienziali.it/directory-offerte/listing/avatar-the-experience-attraction-tour/

Video

https://youtu.be/7x7AX691ljk?si=dNcBesOXhT3U6h6B

4DX Cinema

Sale cinematografiche dotate di tecnologia 4DX, che offre effetti sensoriali come movimento dei sedili, vento, nebbia, luci e profumi sincronizzati con il film.

Sito Web: Variano in base alla catena; ad esempio, https://www.cineworld.co.uk/4dx

Video:

https://youtu.be/isrj1AkiXYU?si=idcQvQ27yHV_YNkg

Futuroscope (Poitiers, Francia)

Parco a tema dedicato alle tecnologie multimediali, cinematografiche e audiovisive del futuro. Le attrazioni combinano immagini in 3D e 4D, suoni avvolgenti, effetti speciali, e talvolta anche profumi e sensazioni tattili, per esperienze immersive.

Sito Web: https://www.futuroscope.com/

Artainment Worldwide Shows - "Giudizio Universale" (Roma, Italia)

- **Descrizione:** Uno spettacolo multimediale che combina proiezioni immersive, musica, effetti speciali e performance dal vivo per raccontare la storia della Cappella Sistina e di Michelangelo. L'esperienza coinvolge vista, udito e, in alcuni momenti, tatto e olfatto.

- **Sito Web:** http://www.giudiziouniversale.com/

3.2. Approccio culturale

Principio 2: Approccio culturale

Approccio Culturale: Il percorso esperienziale deve permettere di approfondire la conoscenza di elementi di identità culturale. *Gli Event Experiences dovrebbero offrire ai partecipanti l'opportunità di esplorare e comprendere aspetti culturali legati al tema dell'evento. Questo può includere la presentazione di tradizioni locali, esibizioni artistiche, eventi culturali, o laboratori che approfondiscono pratiche e conoscenze tradizionali. In questo modo, l'evento diventa un mezzo per valorizzare e diffondere il patrimonio culturale, arricchendo l'esperienza dei partecipanti con contenuti significativi.*

Il principio dell'approccio culturale è intrinseco nelle Cultural Event Experience, data la natura stessa di questi eventi. Negli altri casi, può essere utile inserire elementi culturali, storici, naturali o demo-etno-antropologici, permettendo una connessione emotiva tra i partecipanti e l'elemento culturale di riferimento.

Questo principio si manifesta in modo significativo quando l'evento si svolge in luoghi che possiedono aspetti insoliti, spettacolari o con una forte connotazione culturale e una rilevanza regionale, nazionale o internazionale. In questi contesti, l'identità locale diventa parte integrante dell'identità culturale associata all'evento.

È importante sottolineare che, in ogni caso, possiamo sempre fare riferimento alle identità locali tradizionali, integrando e arricchendo l'evento con aspetti che permettano di approfondire la conoscenza degli elementi di identità locale. Basta un po' di creatività e una rapida ricerca del contesto culturale del luogo in cui si svolge l'esperienza.

Elementi di identità culturale negli Event Experience

È utile evidenziare gli elementi di identità locale, che possono essere di diversi tipi:

- **Luoghi:** I luoghi sono spesso i punti di riferimento che definiscono l'identità di un territorio. Questi possono includere siti storici, paesaggi naturali, edifici e quartieri caratteristici. Esempio: Scegliere come location un castello medievale o un parco naturale per arricchire l'evento con la storia e la bellezza del luogo.

- **Storie:** Le storie e le leggende locali aggiungono profondità all'esperienza culturale. Queste narrazioni possono riguardare eventi storici, personaggi famosi, miti e leggende. Esempio: Includere racconti sul folklore locale o aneddoti storici durante l'evento per coinvolgere emotivamente i partecipanti.

- **Prodotti Tipici:** I prodotti locali, sia artigianali che enogastronomici, offrono, in alcuni casi, un "assaggio" tangibile della cultura del luogo. La degustazione di questi prodotti, soprattutto se coerenti con il tema dell'evento, permette ai partecipanti di apprezzare le tradizioni produttive del territorio. Esempio: Organizzare degustazioni di vini locali o esposizioni di artigianato tipico.

- **Architettura:** Gli stili architettonici che caratterizzano una regione offrono una visione unica sulla storia e sull'evoluzione culturale di un luogo. Esempio: Un evento che si svolge in uno dei comuni del sito UNESCO "Le Città tardo barocche del Val di Noto" in Sicilia potrebbe essere l'occasione per inserire momenti che aiutino a conoscere e apprezzare l'architettura tardo barocca del Sud Italia e a esplorare come il barocco abbia influenzato lo sviluppo del territorio.

Alcuni eventi che costituiscono esempi applicativi del principio Approccio Culturale

Festival dei Due Mondi (Spoleto, Italia)

Fondato nel 1958, è un festival internazionale di musica, arte, cultura e spettacolo che celebra l'incontro tra la cultura italiana ed europea e quella americana. Offre un ricco programma di opere, concerti, balletti, mostre e conferenze, valorizzando il patrimonio culturale locale e internazionale. Promuove la conoscenza e l'interscambio culturale tra diverse nazioni, mettendo in luce tradizioni artistiche e culturali.

Sito Web: https://www.festivaldispoleto.com/

Festival Internacional Cervantino (Guanajuato, Messico)

Uno dei più importanti festival culturali dell'America Latina, con eventi di teatro, danza, musica, arti visive e letteratura, che coinvolge artisti da tutto il mondo. Promuove l'arte e la cultura messicana e internazionale, favorendo l'incontro tra diverse espressioni culturali.

Sito Web: https://festivalcervantino.gob.mx/

Harbin International Ice and Snow Sculpture Festival (Harbin, Cina)

Il più grande festival di sculture di ghiaccio e neve al mondo, con opere monumentali illuminate, attività culturali e spettacoli tradizionali. Combina l'arte scultorea con le tradizioni invernali cinesi, creando un evento che valorizza la cultura locale.

Sito Web: https://www.icefestivalharbin.com/

Video: https://youtu.be/nCNiimh4MNU?si=DePCtAk2HssM8cEx

Festival dei Teatri di Pietra (Siti Archeologici, Italia)

Una rassegna teatrale che si svolge nei siti archeologici e nei teatri antichi italiani, con spettacoli che spaziano dalla tragedia greca al teatro contemporaneo. Valorizza il patrimonio storico e archeologico italiano, combinando arte drammatica e luoghi storici.

Sito Web: Varia a seconda delle edizioni

3.3. Unicità

Principio 3: Unicità

Unicità: Il percorso esperienziale deve presentare caratteristiche di unicità. *Ogni Event Experience dovrebbe essere progettato per offrire qualcosa di irripetibile. Questo può essere ottenuto attraverso concept innovativi, location esclusive, collaborazioni con artisti o esperti unici, o l'introduzione di elementi sorpresa. L'unicità dell'evento aumenta il suo valore percepito e crea un forte impatto emotivo sui partecipanti, rendendo l'esperienza memorabile e distintiva.*

Il Principio di Unicità è fondamentale per creare **Event Experience** che siano davvero distintive. Attraverso l'innovazione, la creatività e l'attenzione ai dettagli, è possibile progettare eventi che non solo soddisfino, ma superino le aspettative dei partecipanti.

Importanza dell'Unicità nelle Event Experience

- **Differenziazione nel Mercato:** In un contesto competitivo, offrire un'esperienza unica aiuta a distinguersi dalla concorrenza.

- **Coinvolgimento Emotivo:** Un evento unico suscita emozioni più intense, creando ricordi duraturi. Favorisce la connessione emotiva tra i partecipanti e l'evento, rafforzando il legame con il brand o l'organizzazione.

- **Valore Percepito:** L'unicità aggiunge valore all'esperienza, giustificando investimenti maggiori da parte dei partecipanti. Può giustificare prezzi più alti dei biglietti o attirare sponsor di alto profilo.

- **Visibilità:** Eventi unici hanno maggiori probabilità di essere condivisi sui media e sui social network.

Elementi di riflessione

- **Gli eventi privati sono Unici**: Vista la loro natura privata e intima, gli eventi privati – in particolare feste legate a matrimoni, battesimi e altre celebrazioni personali – si distinguono per elementi di unicità. Ogni evento privato è progettato per rispecchiare aspetti specifici e irripetibili, portando con sé un valore esclusivo e personale.

- **I Luoghi sono Unici**: Organizzare eventi in luoghi insoliti o con una forte connotazione culturale contribuisce a rendere l'esperienza unica. Questo può includere edifici storici, siti archeologici, spazi urbani significativi, o ambienti naturali suggestivi.

Consigli per raggiungere l'Unicità negli Event Experience

- **Concept Innovativi**: Ideare tematiche o format originali

- **Location Esclusive**: Scegliere luoghi inusuali, spettacolari o normalmente non accessibili al pubblico.

- **Collaborazioni con Artisti o Esperti Unici**: Coinvolgere professionisti di spicco o talenti emergenti che apportino un valore aggiunto all'evento.

- **Introduzione di Elementi Sorpresa**: Inserire nell'evento momenti inaspettati che stupiscano i partecipanti. Ad esempio: Organizzare una performance improvvisa che coinvolga artisti nascosti tra il pubblico (Flash Mob) o introdurre un ospite celebre non annunciato che interagisca con i partecipanti (Ospiti Speciali a Sorpresa).

- **Personalizzazione dell'Esperienza**: Offrire esperienze su misura e personalizzate che si adattino ai gusti e alle preferenze individuali dei partecipanti.

- **Eventi in Edizione Limitata o Unica**: Creare eventi che si svolgono una sola volta o che hanno posti limitati, aumentando l'esclusività.

- **Uso di Tecnologie Avanzate**: Integrare tecnologie all'avanguardia come AR, VR, ologrammi per creare esperienze innovative.

- **Integrazione Unica della Cultura Locale**: Sfruttare aspetti culturali locali in modi innovativi per arricchire l'evento.

Impatto dell'Unicità sui Partecipanti

- **Esperienza Memorabile:** Gli eventi unici creano ricordi indelebili, aumentando la soddisfazione dei partecipanti.

- **Coinvolgimento Maggiore:** L'elemento di novità stimola la curiosità e l'interesse, favorendo un maggiore coinvolgimento.

- **Condivisione Sociale:** I partecipanti sono più propensi a condividere l'esperienza sui social media, ampliando la portata dell'evento.

- **Fidelizzazione:** Un'esperienza unica può trasformare i partecipanti in ambasciatori del brand o dell'evento, favorendo la partecipazione a future iniziative.

Esempi di Event Experience Uniche

Dinner in the Sky

Un'esperienza culinaria dove i partecipanti cenano sospesi a 50 metri d'altezza, assicurati a una piattaforma elevata da una gru. Combina gastronomia di alto livello con l'adrenalina di essere sospesi nel vuoto.

Sito Web: https://www.dinnerinthesky.com/

Video:

https://youtu.be/psTHC92ggWQ?si=zF_E3W2f3P2lLlOH

Secret Cinema (Regno Unito)

Eventi cinematografici immersivi dove i partecipanti vivono un film attraverso ambientazioni reali, attori in costume e interazioni. Questo tipo di eventi trasformano la visione di un film in un'esperienza teatrale interattiva e unica.

Sito Web: https://www.secretcinema.org/

Tomorrowland (Belgio)

Uno dei più grandi festival di musica elettronica al mondo, noto per le sue scenografie spettacolari e tematiche uniche ogni anno. Combina musica di alto livello con un ambiente fiabesco e sorprendente, offrendo un'esperienza oltre il semplice festival musicale.

Sito Web: https://www.tomorrowland.com/

Tramjazz – Roma

Tramjazz: una serata di spettacolo che offre insieme un concerto jazz, un'ottima cena a lume di candela e un tour notturno nel centro di Roma, tutto a bordo di un tram storico della collezione ATAC, restaurato e risistemato come ristorante e sala da concerto viaggiante.

https://www.itinerariesperienziali.it/directory-offerte/listing/tramjazz-roma/

Video:

https://youtu.be/qLPx-0BoFuI?si=V4BsmMRPlwosi3qa

3.4. Approccio relazionale (centralità e unicità delle persone)

Principio 4: Approccio relazionale (centralità e unicità delle persone)

Approccio Relazionale: Il percorso esperienziale deve essere basato sulle relazioni, ponendo al centro l'unicità delle persone. *Negli Event Experiences, è fondamentale creare opportunità per la connessione tra i partecipanti, gli organizzatori e gli eventuali artisti, relatori presenti o il contesto di riferimento alla base dell'evento . Questo può essere facilitato attraverso attività interattive, momenti di networking, discussioni guidate o spazi pensati per l'interazione sociale. Ponendo al centro le persone e le loro storie, l'evento favorisce la costruzione di relazioni significative e arricchisce l'esperienza umana.*

In un'epoca in cui la tecnologia spesso domina le interazioni, creare eventi che favoriscano connessioni autentiche tra i partecipanti, gli organizzatori, i diversi attori coinvolti e, quando possibile, con il contesto culturale, diventa molto utile per arricchire l'esperienza umana e renderla memorabile.

Per applicare questo principio e opportuno tenere conto degli aspetti validi per qualsiasi esperienza, utilizzare una comunicazione empatica e personalizzare l'esperienza in base alla personalità e alle aspettative dell'ospite.

Un'esperienza deve essere caratterizzata da una forte relazione umana che si viene a creare tra chi offre l'esperienza e chi la riceve.

La capacità di comunicazione empatica che dovrebbe avere chi offre l'esperienza (in particolare lo staff che viene a contatto con i partecipanti) e il ricevere "sensazioni", sono fattori legati alle relazioni che si vengono a creare durante l'esperienza, aspetto che avviene facilmente in presenza di un numero limitato di persone che usufruiscono contemporaneamente dell'offerta esperienziale.

Aspetti da prendere in considerazione per le offerte esperienziali rispettosi di questo principio:

- **Staff Attento**: Assicurarsi che lo staff sia formato e abile nel comunicare e interagire con i partecipanti in modo empatico e attento. Lo staff deve essere in grado di percepire e rispondere alle emozioni degli ospiti, creando un ambiente di fiducia e rispetto reciproco. Alcuni esempi operativi:
  - **Punti di Ascolto**: Laddove possibile, creare postazioni dove i partecipanti possano esprimere feedback o richieste. Esempio: Installare totem interattivi per raccogliere valutazioni sulle sessioni appena concluse.
  - **Team di Supporto Mobile**: Staff che circola tra i partecipanti per raccogliere impressioni e offrire assistenza. Esempio: In un festival, personale identificabile disponibile per domande e suggerimenti.
- **Personalizzazione dell'Esperienza**: Personalizzare l'esperienza significa adattare, quando possibile, gli eventi alle preferenze e aspettative dei partecipanti. Questo può includere la personalizzazione di alcuni servizi e attività proposte. Alcuni esempi operativi:
  - **Sondaggi Pre-Evento**: Raccogliere informazioni sulle aspettative e gli interessi dei partecipanti per modellare l'esperienza. Esempio: Inviare un questionario prima dell'evento per conoscere le tematiche di maggior interesse.
  - **Percorsi Personalizzati**: Offrire agende flessibili o sessioni parallele che permettano ai partecipanti di scegliere le attività più affini. Esempio: In una fiera, utilizzare un'app che suggerisca stand e conferenze basate sulle preferenze indicate.
- **Esperienze di Piccoli Gruppi**: Laddove possibile, offrire esperienze a piccoli gruppi per mantenere l'autenticità e permettere una connessione più profonda e interazioni significative tra ospiti e staff. Alcuni esempi operativi:

- o **Workshop Esclusivi:** Sessioni con posti limitati che richiedono prenotazione, garantendo un ambiente più intimo. Esempio: Laboratori di cucina con chef rinomati aperti a piccoli gruppi.

- o **Tavole Rotonde:** Discussioni tematiche con un numero ristretto di partecipanti per approfondire argomenti specifici. Esempio: In un convegno, organizzare incontri tra esperti e partecipanti interessati a determinate nicchie.

- **Attività Interattive:** Organizzare workshop, giochi di squadra o discussioni guidate che incoraggino la collaborazione.

- **Spazi Conviviali:** Allestire aree comuni dove i partecipanti possano incontrarsi informalmente. Ad esempio, in un festival, creare zone relax con sedute confortevoli per favorire le conversazioni.

- **Ascolto Attivo:** Prestare attenzione alle esigenze, interessi e feedback dei partecipanti, adattando l'esperienza di conseguenza.

- **Storie Personali:** In particolare per gli eventi a carattere culturale, condividere storie personali ed esperienze locali, permettendo agli ospiti di vedere e comprendere la cultura e il luogo dove si svolge l'evento da una prospettiva interna. Alcuni esempi operativi:

  - o **Speaker Locali:** Invitare membri della comunità locale a condividere storie e tradizioni. Esempio: In un evento culturale, un artigiano locale può raccontare la storia del suo mestiere.

  - o **Sessioni di Storytelling:** Momenti dedicati alla condivisione di esperienze personali tra i partecipanti. Esempio: In un workshop di sviluppo personale, incoraggiare i partecipanti a condividere le proprie sfide e successi.

Vediamo alcuni esempi operativi:

Eventi Culturali con Coinvolgimento della Comunità Locale: Integrare la comunità locale nell'evento attraverso esibizioni, laboratori e interazioni dirette. Tipico esempio è il Festival del Cinema di Locarno dove oltre alle proiezioni, il festival organizza incontri tra registi, attori e pubblico, favorendo lo scambio culturale.

Workshop Esperienziali Personalizzati: Offrire workshop su misura in base agli interessi espressi dai partecipanti. Un esempio potrebbero essere i Corsi di Cucina Tematici, Scuole di cucina che personalizzano il menu in base alle preferenze culinarie dei partecipanti.

Eventi Aziendali con Attività di Team Building: Organizzare attività che rafforzino le relazioni tra i membri del team. Un Esempio è Escape Room Aziendale, un'esperienza collaborativa che richiede comunicazione e cooperazione tra colleghi.

Festival con Spazi Dedicati all'Interazione Sociale: Creare aree all'interno dell'evento destinate all'incontro e allo scambio tra partecipanti. Un esempio è il Burning Man Project, un festival che favorisce la creazione di comunità attraverso campi tematici e attività collaborative.

Di seguito alcuni esempi operativi applicabili alla Private and Social Event Experience ma adattabili anche alle altre tipologie di eventi.

- **Matrimoni Personalizzati con Storytelling degli Sposi:** Un matrimonio che integra momenti di storytelling dove gli sposi condividono la loro storia d'amore con gli ospiti. Elementi relazionali:

    o **Attività Interattive:** Durante la cerimonia o il ricevimento, riservare un momento in cui gli sposi raccontano come si sono incontrati, i momenti significativi della loro relazione e le loro aspirazioni future.

    o **Spazi di Connessione:** Creare aree lounge dove gli ospiti possono sedersi e conversare, facilitando la condivisione di storie personali e congratulazioni.

    o **Decorazioni Personalizzate:** Utilizzare foto e memorabilia che riflettano la storia degli sposi, incoraggiando gli ospiti a discutere e connettersi attraverso questi elementi.

- **Feste di Compleanno con Attività di Team Building :** Una festa di compleanno organizzata con attività di team building che incoraggiano la collaborazione e la conoscenza reciproca tra gli ospiti. Elementi relazionali:

    o **Giochi Interattivi:** Organizzare giochi che richiedono cooperazione, come cacce al tesoro, quiz personalizzati o giochi di ruolo che coinvolgono tutti gli ospiti.

    o **Workshop Creativi:** Offrire workshop di pittura, cucina o artigianato dove gli ospiti possono lavorare insieme su progetti comuni.

    o **Spazi di Discussione:** Allestire aree dove gli ospiti possono condividere storie, interessi e hobby, facilitando la scoperta di interessi comuni.

- **Dinner Parties con Tavoli Tematici :** Una cena privata organizzata con tavoli tematici che incoraggiano conversazioni mirate e connessioni tra gli ospiti. Elementi relazionali:

  o **Tavoli Tematici:** Ogni tavolo ha un tema specifico (es. viaggi, libri preferiti, hobby) che stimola le conversazioni tra gli ospiti seduti insieme.

  o **Guide di Conversazione:** Fornire agli ospiti domande o spunti di discussione legati al tema del tavolo.

  o **Rotazione degli Ospiti:** In alcuni casi, permettere agli ospiti di cambiare tavolo durante la serata per incontrare diverse persone e discutere di vari temi.

- **Eventi Privati con Performance Interattive :** Un evento privato che integra performance interattive dove gli ospiti possono partecipare attivamente. Elementi relazionali:

  o **Performance Interattive:** Coinvolgere gli ospiti in performance di improvvisazione teatrale, musica partecipativa o spettacoli di danza interattivi.

  o **Partecipazione Attiva:** Permettere agli ospiti di unirsi ai performer, creando un'esperienza collaborativa e coinvolgente.

  o **Feedback Immediato:** Creare momenti in cui gli ospiti possono esprimere le loro opinioni e reazioni alle performance, favorendo un dialogo aperto.

- **Workshop di Creazione Collaborativa :** Un evento privato che include workshop dove gli ospiti lavorano insieme su progetti creativi o artistici. Elementi relazionali:

  o **Progetti Collaborativi:** Organizzare attività come la creazione di murales, la decorazione di oggetti personalizzati o la costruzione di installazioni artistiche.

  o **Facilitatori Creativi:** Ingaggiare esperti o artisti che guidano gli ospiti attraverso il processo creativo, incoraggiando la collaborazione.

  o **Condivisione dei Risultati:** Alla fine del workshop, presentare i progetti completati e celebrare il lavoro di squadra.

- **Eventi Privati con Stazioni di Conversazione Guidata:** Un evento privato che include stazioni specifiche dove gli ospiti possono partecipare a conversazioni guidate su vari argomenti. Elementi relazionali:

  o **Stazioni Tematiche:** Allestire diverse aree con temi di conversazione specifici (es. innovazione, viaggi, arte) e facilitatori che guidano le discussioni.

  o **Tecniche di Facilitazione:** Utilizzare tecniche come il World Café o Fishbowl per promuovere interazioni approfondite.

  o **Spazi Confortevoli:** Creare ambienti rilassati e accoglienti dove gli ospiti si sentono a proprio agio nel condividere e discutere.

- **Eventi Privati con Attività di Co-Creazione Artistica :** Un evento privato che include attività di co-creazione artistica dove gli ospiti collaborano su progetti creativi comuni. Elementi relazionali:

  o **Progetti Artistici Condivisi:** Organizzare attività come la pittura collettiva, la creazione di murales o la costruzione di sculture di gruppo.

  o **Facilitatori Creativi:** Ingaggiare artisti o esperti che guidano gli ospiti attraverso il processo creativo, incoraggiando la collaborazione.

  o **Esposizione dei Lavori:** Alla fine dell'evento, presentare i lavori creati insieme, celebrando il contributo di ciascun partecipante.

Vediamo alcuni esempi in cui questo principio è evidente:

Burning Man (Black Rock City, Nevada, USA)

Un evento annuale che crea una comunità temporanea basata su principi di espressione personale, autosufficienza e partecipazione attiva. I partecipanti costruiscono e condividono installazioni artistiche. Il Festival favorisce interazioni profonde e autentiche, incoraggiando la collaborazione e l'inclusione radicale, creando connessioni tra le persone attraverso esperienze condivise.

Sito Web: https://burningman.org/

Programmi di Mentoring e Coaching: Iniziative che mettono in contatto mentori esperti con individui che cercano crescita personale o professionale. Questi eventi costruiscono relazioni individuali profonde, basate sulla fiducia e sullo sviluppo reciproco. Esempio: Techstars Mentorship-Driven Accelerator

Sito Web: https://www.techstars.com/accelerators/

Eventi di Co-Creazione Artistica: Progetti in cui artisti e pubblico collaborano alla creazione di opere d'arte collettive. Questo tipo di eventi promuovono l'interazione e la collaborazione creativa, rafforzando le connessioni attraverso l'espressione artistica condivisa.

Sito Web: https://www.muralarts.org/

3.5. Partecipazione diretta

Principio 5: Partecipazione diretta

Partecipazione Diretta: Il percorso esperienziale deve prevedere la partecipazione diretta dei partecipanti ad alcune attività. *Invece di essere semplici spettatori, i partecipanti agli Event Experiences dovrebbero essere coinvolti attivamente. Questo può includere workshop pratici, sessioni interattive, giochi di ruolo, o altre forme di coinvolgimento diretto. La partecipazione diretta aumenta il coinvolgimento emotivo e cognitivo, trasformando i partecipanti in protagonisti dell'evento.*

La partecipazione diretta è uno degli elementi alla base del concetto di "immersione". La partecipazione diretta fa diventare attori consapevoli i fruitori dell'esperienza che non sono, quindi, spettatori passivi.

In alcuni casi, la tipologia stessa dell'offerta – specialmente quando si svolge in luoghi immersivi o a stretto contatto con la natura – rende questo principio intrinseco all'esperienza. La stessa considerazione vale per i servizi che prevedono la partecipazione diretta degli ospiti, come escursioni, attività sportive, intrattenimento e spettacoli interattivi, o esperienze realizzate in centri di produzione.

In tutte le altre tipologie di esperienza, è necessario, se si vuole applicare il principio di partecipazione diretta, creare dei momenti che vedono il coinvolgimento diretto degli stessi, magari utilizzando la tecnologia e far interagire i partecipanti all'evento con l'ambiente circostante o creare momenti di animazione che vede il coinvolgimento dei presenti.

Alcuni esempi operativi:

Cultural Event Experience

- **Laboratori Artigianali Tradizionali:** Durante un festival culturale, organizzare laboratori dove i partecipanti possono imparare antichi mestieri come la tessitura, la ceramica o la lavorazione del legno, creando i propri manufatti da portare a casa.

- **Coinvolgimento nelle Rievocazioni Storiche:** In una rievocazione storica, invitare i partecipanti a indossare costumi d'epoca e prendere parte attiva alle scene, come figuranti in battaglie simulate o cortei storici.

- **Partecipazione a Festività e Cerimonie Tradizionali:** Durante una celebrazione tradizionale, coinvolgere gli ospiti in danze folcloristiche, canti popolari o rituali locali, spiegando il significato culturale di queste pratiche.

- **Workshop Artistici Culturali:** Offrire sessioni di pittura, scultura o fotografia ispirate al patrimonio culturale locale, guidate da artisti del luogo che condividono tecniche e storie legate alla tradizione.

Educational Event Experience

- **Workshop Interattivi e Laboratori Pratici:** In un seminario sulla leadership, includere esercitazioni pratiche in cui i partecipanti lavorano in gruppo per risolvere casi studio o sviluppare progetti, applicando le teorie apprese.

- **Sessioni di Apprendimento Esperienziale:** In un laboratorio scientifico, permettere ai partecipanti di condurre esperimenti reali sotto la supervisione di esperti, favorendo l'apprendimento attraverso l'azione.

- **Giochi di Ruolo e Simulazioni:** Durante una masterclass in comunicazione, utilizzare giochi di ruolo per esercitarsi in situazioni di negoziazione o gestione dei conflitti.

- **Programmi Mentoring e Coaching:** Organizzare sessioni in cui i partecipanti ricevono feedback personalizzato da professionisti del settore, sviluppando competenze specifiche.

Commercial and Corporate Event Experience

- **Demo Interattive e Test di Prodotti:** In una fiera tecnologica, offrire ai partecipanti la possibilità di testare nuovi dispositivi o software, fornendo feedback diretto alle aziende espositrici.

- **Workshop Collaborativi e Brainstorming:** Durante un meeting aziendale, organizzare sessioni collaborative dove i dipendenti lavorano insieme per sviluppare strategie o risolvere problemi aziendali reali.

- **Sessioni di Networking Guidate:** Utilizzare format come lo "speed networking" per facilitare incontri rapidi tra professionisti, con domande guida per stimolare conversazioni significative.

Entertainment and Show Experience

- **Interazione durante Spettacoli:** In uno spettacolo di improvvisazione teatrale, il pubblico suggerisce temi o situazioni agli attori, influenzando lo svolgimento della performance.

- **Esperienze Immersive nei Parchi a Tema:** In un parco a tema, creare attrazioni interattive dove i visitatori partecipano attivamente alla storia, come giochi di ruolo dal vivo o percorsi avventura.

- **Laboratori Post-Spettacolo:** Dopo un concerto o una performance di danza, organizzare workshop dove i partecipanti possono imparare passi di danza o tecniche musicali direttamente dagli artisti.

- **Coinvolgimento nei Festival Musicali:** In un festival musicale, offrire spazi dove i partecipanti possono suonare strumenti, registrare canzoni o partecipare a jam session con altri appassionati.

Di seguito alcuni esempi operativi applicabili alla Private and Social Event Experience ma adattabili anche alle altre tipologie di eventi.

- **Festa di Compleanno con Attività DIY (Do It Yourself)** : Una festa di compleanno che include attività creative dove gli ospiti possono realizzare oggetti personalizzati da portare a casa. Elementi di partecipazione diretta

  o **Stazioni Creative:** Allestire diverse postazioni dove gli ospiti possono partecipare a attività come la decorazione di torte, la creazione di candele profumate o la personalizzazione di accessori.

  o **Facilitatori Creativi:** Ingaggiare esperti o appassionati che guidano gli ospiti attraverso i processi creativi.

  o **Materiali Forniti:** Fornire tutti i materiali necessari per le attività, garantendo che siano facili da usare e sicuri.

- **Riunioni di Famiglia con Progetti Collaborativi** : Una riunione di famiglia che include progetti collaborativi per rafforzare i legami tra i membri. Elementi di partecipazione diretta:

  o **Progetto di Famiglia:** Organizzare un'attività come la creazione di un murale familiare, la costruzione di un albero genealogico o la realizzazione di un album fotografico collettivo.

  o **Sessioni di Lavoro:** Suddividere i partecipanti in gruppi piccoli, assegnando a ciascun gruppo una parte del progetto da completare.

  o **Condivisione Finale:** Presentare il progetto completato alla fine dell'evento, celebrando il lavoro di squadra e le collaborazioni.

- **Private Parties con Giochi Interattivi:** Una festa privata che integra giochi interattivi per coinvolgere attivamente gli ospiti. Elementi di partecipazione diretta:

  o **Giochi di Squadra:** Organizzare giochi come cacce al tesoro, quiz personalizzati o giochi di ruolo che richiedono la collaborazione tra gli ospiti.

  o **Tecnologia Interattiva:** Utilizzare app o dispositivi interattivi per giochi digitali, come trivia in tempo reale o giochi di realtà aumentata.

  o **Premi e Riconoscimenti:** Offrire piccoli premi per i vincitori, aumentando la motivazione e il coinvolgimento.

- **Eventi a Tema con Role-Playing :** Una festa a tema che include attività di role-playing dove gli ospiti interpretano personaggi legati al tema scelto. Elementi di partecipazione diretta:

  o **Assegnazione dei Ruoli:** Prima dell'evento, assegnare a ciascun ospite un ruolo o un personaggio da interpretare, in linea con il tema della festa.

  o **Sceneggiatura Guidata:** Fornire una trama o degli scenari di base che guidano l'interazione tra i personaggi durante la festa.

  o **Elementi di Narrazione:** Integrare elementi come scenografie, accessori e costumi per facilitare l'immersione nel ruolo.

- **Workshop di Cucina Durante una Cena Privata** : Una cena privata che integra un workshop di cucina dove gli ospiti partecipano attivamente alla preparazione dei piatti. Elementi di partecipazione diretta:

  o **Sessioni di Cottura Guidata:** Ingaggiare uno chef che guida gli ospiti nella preparazione di alcuni piatti, spiegando tecniche e ricette.

  o **Collaborazione in Cucina:** Dividere gli ospiti in piccoli gruppi, assegnando a ciascun gruppo una parte del menu da preparare.

  o **Degustazione Condivisa:** Dopo la preparazione, gustare insieme i piatti realizzati, creando un momento di condivisione e apprezzamento.

- **Eventi Privati con Performance Interattive** : Un evento privato che integra performance interattive dove gli ospiti possono partecipare attivamente. Elementi di partecipazione diretta:

  o **Performance di Improvvisazione:** Coinvolgere gli ospiti in improvvisazioni teatrali o musicali, permettendo loro di interagire con i performer.

  o **Dance Workshops:** Offrire brevi workshop di danza dove gli ospiti imparano e partecipano a una coreografia.

  o **Teatro Interattivo:** Organizzare piccoli spettacoli teatrali dove il pubblico può influenzare lo svolgimento della trama attraverso decisioni collettive.

- **Workshop di Creazione Collaborativa :** Un evento privato che include workshop dove gli ospiti lavorano insieme su progetti creativi o artistici. Elementi di partecipazione diretta:

  o **Progetti Artistici Condivisi:** Organizzare attività come la pittura collettiva, la creazione di murales o la costruzione di sculture di gruppo.

  o **Facilitatori Creativi:** Ingaggiare artisti o esperti che guidano gli ospiti attraverso il processo creativo, incoraggiando la collaborazione.

  o **Condivisione dei Risultati:** Alla fine del workshop, presentare i lavori completati e celebrare il lavoro di squadra.

- **Serate di Racconti e Letture Personalizzate :** Una serata dedicata alla condivisione di racconti, poesie o letture personali da parte degli ospiti. Elementi di partecipazione diretta:

  o **Spazio Intimo:** Allestire un'area accogliente con sedute confortevoli e illuminazione soffusa per creare un ambiente intimo.

  o **Momenti di Condivisione:** Invitare gli ospiti a preparare brevi letture o racconti da condividere durante la serata.

  o **Interazione e Discussione:** Dopo ogni lettura, aprire uno spazio per domande e discussioni, incoraggiando il dialogo e la condivisione di opinioni.

- **Eventi Privati con Stazioni di Conversazione Guidata :** Un evento privato che include stazioni specifiche dove gli ospiti possono partecipare a conversazioni guidate su vari argomenti. Elementi di partecipazione diretta:

  o **Stazioni Tematiche:** Allestire diverse aree con temi di conversazione specifici (es. innovazione, viaggi, arte) e facilitatori che guidano le discussioni.

  o **Tecniche di Facilitazione:** Utilizzare tecniche come il World Café o Fishbowl per promuovere interazioni approfondite.

  o **Spazi Confortevoli:** Creare ambienti rilassati e accoglienti dove gli ospiti si sentono a proprio agio nel condividere e discutere.

- **Eventi Privati con Performance di Storytelling Personali :** Un evento privato che include performance di storytelling dove gli ospiti possono condividere storie personali in modo creativo. Elementi di partecipazione diretta:

  o **Scenografia Accogliente:** Creare un ambiente intimo con sedute comode, luci soffuse e decorazioni che favoriscono la concentrazione e l'ascolto.

  o **Performance di Storytelling:** Invitare gli ospiti a preparare brevi racconti personali o esperienze significative da condividere con il gruppo.

  o **Supporto Artistico:** Offrire strumenti come microfoni, registrazioni video o supporti visivi per arricchire le storie raccontate.

- **Eventi Privati con Attività di Co-Creazione Artistica** : Un evento privato che include attività di co-creazione artistica dove gli ospiti collaborano su progetti creativi comuni. Elementi di partecipazione diretta:

  o **Progetti Artistici Condivisi:** Organizzare attività come la pittura collettiva, la creazione di murales o la costruzione di sculture di gruppo.

  o **Facilitatori Creativi:** Ingaggiare artisti o esperti che guidano gli ospiti attraverso il processo creativo, incoraggiando la collaborazione.

  o **Esposizione dei Lavori:** Alla fine dell'evento, presentare i lavori creati insieme, celebrando il contributo di ciascun partecipante.

- **Cena Privata con Partecipazione a una Degustazione Guidata** : Una cena privata in cui gli ospiti partecipano a una degustazione guidata di vini, formaggi o cioccolato. Elementi di partecipazione diretta:

  - **Degustazione Guidata:** Ingaggiare un sommelier o un esperto che guida gli ospiti attraverso la degustazione, spiegando le caratteristiche e le storie dietro ogni prodotto.

  - **Interazione Sensoriale:** Incoraggiare gli ospiti a discutere le loro impressioni e preferenze, creando dialoghi e condivisioni.

- **Eventi Privati con Performances di Teatro Improvvisato :** Un evento privato che include performance di teatro improvvisato, dove gli ospiti possono partecipare attivamente alle scenette. Elementi di partecipazione diretta:

  o **Teatro Improvvisato:** Ingaggiare attori professionisti che coinvolgono gli ospiti nelle scenette, chiedendo loro di reagire a situazioni o di interpretare ruoli.

  o **Partecipazione Attiva:** Invitare gli ospiti a contribuire con idee o a interagire direttamente con gli attori, creando storie in tempo reale.

  o **Feedback e Interazione:** Creare momenti di feedback dove gli ospiti possono discutere e influenzare la trama delle performance.

- **Festa a Tema "Giornata delle Tradizioni" con Attività Culturali Interattive :** Una festa che celebra diverse tradizioni culturali attraverso attività interattive che coinvolgono direttamente gli ospiti. Elementi di partecipazione diretta:

  o **Stazioni Culturali:** Allestire diverse aree dedicate a culture specifiche, dove gli ospiti possono partecipare a attività come danza, cucina, artigianato o giochi tradizionali.

  o **Dimostrazioni Live:** Organizzare dimostrazioni di arti tradizionali, come la danza folkloristica, la preparazione di piatti tipici o la lavorazione artigianale.

  o **Interazione Diretta:** Invitare rappresentanti delle culture celebrate a interagire con gli ospiti, spiegando le tradizioni e guidando le attività.

Alcuni esempi in cui è evidente il rispetto del principio "Partecipazione Diretta":

Laboratori di Artigianato Tradizionale presso "Artigianato e Palazzo" (Firenze, Italia)

Una mostra dedicata all'artigianato italiano, dove i visitatori possono partecipare a laboratori pratici con maestri artigiani. I partecipanti apprendono tecniche artigianali come la lavorazione del cuoio, l'intaglio del legno e la ceramica, creando i propri manufatti.

Sito Web: https://www.artigianatoepalazzo.it/

"Team Building" Esperienziale (Internazionale)

Eventi organizzati per rafforzare le dinamiche di squadra all'interno delle aziende. I dipendenti partecipano a sfide collaborative, giochi di ruolo e attività all'aperto.

Esempio: Outward Bound Corporate Programs

Sito Web: https://www.outwardbound.org/

La Tomatina (Buñol, Spagna)

Festival annuale in cui i partecipanti si lanciano pomodori per strada. I partecipanti sono protagonisti dell'evento, coinvolti attivamente nella battaglia dei pomodori.

Sito Web: https://latomatina.info/

Video:

https://youtu.be/jvUOYtln23s?si=Wozh4o_sJk8H0xJv

"Caccia al Tesoro" Urbana

Eventi in cui i partecipanti esplorano la città risolvendo enigmi e completando missioni.
I partecipanti interagiscono con l'ambiente urbano e collaborano in team.

Esempio: Foxtrail (Svizzera)

Sito Web: https://www.foxtrail.ch/en

Festival di Street Ar con Coinvolgimento del Pubblico

Eventi che celebrano l'arte urbana, spesso invitando il pubblico a contribuire alle opere.
In questi eventi i partecipanti possono dipingere murales o creare installazioni insieme
agli artisti.

Esempio: Upfest (Bristol, Regno Unito)

Sito Web: https://www.upfest.co.uk/

3.6. Apprendimento esperienziale

Principio 6: Apprendimento esperienziale

Apprendimento Esperienziale: Il percorso esperienziale deve favorire l'apprendimento attivo attraverso la partecipazione diretta dei partecipanti. *Gli Event Experiences possono essere un potente strumento educativo. Attraverso attività pratiche, dimostrazioni dal vivo, e interazioni con esperti, i partecipanti possono acquisire nuove conoscenze e competenze. L'apprendimento avviene in modo naturale e coinvolgente, poiché è integrato nell'esperienza complessiva dell'evento.*

L'apprendimento esperienziale è visto come un processo di apprendimento costruito con l'esperienza e la scoperta, basato quindi su esperienze concrete dove la conoscenza viene creata attraverso la trasformazione dell'esperienza.

Le esperienze a carattere educativo, enogastronomico e culturale, soprattutto se realizzate attraverso la partecipazione diretta sono forme di apprendimento, infatti permettono di imparare qualcosa di nuovo attraverso il modello di apprendimento denominato "Apprendimento Esperienziale" (Experiential Learning) che vede il coinvolgimento diretto e fisico nelle attività associate all'evento e attraverso il coinvolgimento, se possibile, dei 5 sensi: vista, udito, gusto, olfatto e soprattutto, il tatto. I 5 sensi sono sicuramente coinvolti nelle offerte esperienziali legate alla enogastronomia, in altri tipologie di eventi, il gusto potrebbe non essere stimolato ma rimane sicuramente un'esperienza multisensoriale se vengono attivati tutti gli altri sensi e se si ha una reale e diretta partecipazione.

Alcuni esempi operativi che tengono conto di diverse tipologie di eventi:

Cultural Event Experience

- **Laboratori di Artigianato Tradizionale:** Durante un festival culturale, organizzare laboratori dove i partecipanti possono imparare antichi mestieri come la tessitura, la ceramica o l'intaglio del legno, creando i propri manufatti da portare a casa. I partecipanti apprendendo tecniche artigianali direttamente dagli artigiani locali, comprendendo il valore culturale delle tradizioni.

- **Workshop di Danze e Musica Tradizionali:** Offrire lezioni di danza folcloristica o di strumenti musicali tipici, permettendo ai partecipanti di immergersi nella cultura locale. Questo aspetto favorisce la comprensione delle tradizioni e rafforza il legame con la comunità ospitante.

- **Esperienze Gastronomiche Culturali:** Organizzare corsi di cucina tradizionale, dove i partecipanti preparano piatti tipici guidati da chef locali. In questi eventi i partecipanti imparano ricette e tecniche culinarie, scoprendo la storia e le storie dietro ogni piatto.

- **Partecipazione a Riti e Cerimonie Locali:** Invitare i partecipanti a prendere parte a festività o rituali tradizionali, spiegando il loro significato culturale e storico.

Educational Event Experience

- **Workshop Pratici e Laboratori Hands-on:** In un seminario di fotografia, fornire ai partecipanti macchine fotografiche e organizzare sessioni pratiche all'aperto con un fotografo professionista.

- **Simulazioni e Role-Playing:** In un corso di gestione aziendale, utilizzare simulazioni di situazioni di crisi dove i partecipanti devono prendere decisioni strategiche. Questa tecnica favorisce lo sviluppo di abilità di problem-solving e decision-making.

- **Visite Educative sul Campo:** Organizzare visite a laboratori scientifici o aziende tecnologiche, dove i partecipanti possono vedere le applicazioni pratiche delle loro aree di studio. Le visite educative permetto di collegare teoria e pratica, offrendo una visione diretta del mondo professionale.

Commercial and Corporate Event Experience

- **Demo Interattive e Test di Prodotti:** In una fiera tecnologica, allestire spazi dove i partecipanti possono testare nuovi dispositivi con l'assistenza di esperti che spiegano le funzionalità. In questo modo i partecipanti apprendono le caratteristiche dei prodotti attraverso l'uso diretto.

- **Workshop Formativi su Prodotti o Servizi:** Durante un lancio di un software, organizzare sessioni pratiche dove i partecipanti imparano ad utilizzare le nuove funzionalità. Questo approccio migliora la comprensione del prodotto e aumenta la probabilità di adozione.

- **Attività di Team Building con Apprendimento:** In un meeting aziendale, proporre attività collaborative che sviluppino competenze come la comunicazione efficace o la leadership.

- **Laboratori con Artisti Performativi:** Prima di un concerto, offrire un workshop con i musicisti dove i partecipanti interagiscono con i musicisti. Questa strategia avvicina il pubblico all'arte, aumentando l'apprezzamento per la performance.

- **Esperienze Dietro le Quinte:** In un teatro, organizzare tour guidati dietro le quinte dove i partecipanti scoprono come viene allestito uno spettacolo.

- **Interazione nelle Performance:** In uno spettacolo di improvvisazione teatrale, coinvolgere il pubblico nella creazione di scene o personaggi.

Molti degli esempi presentati per il principio cinque (Partecipazione diretta) in effetti possono essere presi a riferimento anche per il principio appena descritto. Ecco altri esempi.

Vivere una Fiaba al Castello di Gropparello (Piacenza, Italia)

Un parco emotivo che offre ai bambini e alle famiglie un'esperienza immersiva nel mondo delle fiabe medievali. I partecipanti, vestiti da cavalieri e dame, partecipano attivamente a avventure interattive, imparando la storia e le leggende medievali attraverso il gioco e l'interpretazione di ruoli.

Sito Web: https://www.castellodigropparello.it/

Festival del Medioevo (Gubbio, Italia)

Manifestazione culturale che esplora vari aspetti del Medioevo attraverso conferenze, spettacoli e laboratori. Oltre ad assistere agli eventi, i partecipanti possono prendere parte a laboratori di calligrafia medievale, falconeria e scherma storica.

Sito Web: https://www.festivaldelmedioevo.it/portal/

Video:

https://youtu.be/IeaQ8AtuyXg?si=LQpdrZMQcNs_qZeM

Disney's Star Wars: Galaxy's Edge (Orlando, USA e Anaheim, USA)

Area tematica nei parchi Disney che immerge i visitatori nell'universo di Star Wars. I partecipanti possono costruire la propria spada laser o droide, interagendo con l'ambiente e apprendendo attraverso attività pratiche e narrative.

Sito Web:

https://disneyworld.disney.go.com/destinations/hollywood-studios/star-wars-galaxys-edge/

Video:

https://youtu.be/MuTm-MxwEh4?si=JapGHaz8TC2iV7TT

3.7. Approccio tematico

Principio 7: Approccio tematico

Approccio Tematico: Ogni percorso esperienziale dovrà essere costruito attorno a un tema che ne costituisce il filo conduttore. *Un tema centrale dà coerenza e direzione all'Event Experience. Questo tema guida la scelta delle attività, la scenografia, la comunicazione e persino il catering, laddove previsto. Che si tratti di un'epoca storica, di un fenomeno culturale, di un concetto artistico o di una causa sociale, il tema deve essere integrato in ogni aspetto dell'evento per creare un'esperienza coerente e immersiva.*

L'approccio tematico è utilizzato ampiamente nel settore delle esperienze, non a caso è uno dei principali elementi della messa in scena delle esperienze (Il Teatro come modello dell'esperienza)[7].

Elementi Chiave dell'Approccio Tematico

- **Scelta del Tema:** Il tema deve essere attentamente selezionato in base alla cultura, alla storia e alle caratteristiche uniche del luogo, del tipo di evento o del messaggio che si desidera comunicare. Deve essere significativo per il pubblico target e in armonia con il contesto.

- **Comunicazione del Tema:** Il tema deve essere comunicato chiaramente attraverso tutti i canali di marketing e comunicazione, compresi i materiali promozionali, il sito web, i social media e la pubblicità. Deve essere il primo elemento attrattivo che cattura l'interesse e le aspettative dei partecipanti.

- **Coerenza del Tema:** Tutti gli elementi dell'evento, inclusi il design degli interni, le attività proposte, il catering, l'intrattenimento e persino il personale, devono riflettere il tema scelto. Questo crea un'esperienza coerente e immersiva.

---

[7] Ignazio Caloggero: Turismo e Marketing Esperienziale. 2023 Edizione Centro Studi Helios

Elementi da prendere in considerazione

- **Design degli Interni e Scenografia:** L'arredamento, le decorazioni, l'illuminazione e la musica di sottofondo devono riflettere il tema scelto. Piccoli dettagli possono fare la differenza, come centrotavola tematici, segnaposto personalizzati e abbigliamento del personale in linea con il tema.

- **Attività Tematiche:** Le attività devono coinvolgere i partecipanti e essere pertinenti al tema. Offrire opportunità per i partecipanti di interagire con il tema, ad esempio attraverso giochi, quiz o laboratori.

- **Eventi Speciali:** Includere momenti speciali che accentuano il tema, come spettacoli, performance o presentazioni. Il menu di un eventuale catering può essere adattato per riflettere il tema, offrendo un'esperienza culinaria coerente.

- **Comunicazione Integrata:** Utilizzare elementi grafici e stilistici che riflettano il tema in tutti i materiali di comunicazione. Raccontare una storia attorno al tema per coinvolgere emotivamente i partecipanti.

Cultural Event Experience

- **Festival Medievale:** Un evento che ricrea l'atmosfera del Medioevo, con scenografie, costumi, musica e attività tipiche dell'epoca. Le strade vengono addobbate con bandiere e stendardi, i partecipanti possono assistere a tornei cavallereschi, spettacoli di falconeria e partecipare a laboratori di arti e mestieri medievali. Elementi Tematici:

  o **Design degli Spazi:** Allestimenti in legno e pietra, tende medievali, illuminazione con torce.

  o **Attività Tematiche:** Giostre medievali, danze storiche, banchetti con cibi tipici dell'epoca.

  o **Comunicazione:** Materiale promozionale con grafica ispirata ai manoscritti medievali.

- **Festival del Cinema Fantastico:** Un evento dedicato ai film di genere fantastico e fantascientifico. Le proiezioni sono accompagnate da scenografie futuristiche, cosplay, workshop su effetti speciali e incontri con registi e attori del settore. Elementi Tematici:

  o **Design degli Spazi:** Allestimenti high-tech, ologrammi, installazioni interattive.

  o **Attività Tematiche:** Concorsi di cosplay, laboratori di make-up cinematografico.

  o **Comunicazione:** Campagne pubblicitarie con elementi grafici futuristici.

Educational Event Experience

- **Tech Future Summit:** Un evento dedicato alle tecnologie emergenti e al loro impatto sul futuro. Il tema centrale è "L'intelligenza artificiale al servizio dell'umanità". Elementi Tematici:

  - o **Design degli Spazi:** Ambienti moderni con dispositivi interattivi, schermi touch, robot esposti.

  - o **Attività Tematiche:** Workshop su machine learning, demo di IA applicata a diversi settori.

  - o **Comunicazione:** Branding dell'evento con elementi grafici che richiamano circuiti e reti neurali.

- **Green Earth Workshop:** Un evento formativo sul tema della sostenibilità e dell'ecologia. Elementi Tematici:

  - o **Design degli Spazi:** Utilizzo di materiali riciclati, piante, illuminazione a basso consumo.

  - o **Attività Tematiche:** Laboratori su riciclo creativo, sessioni di brainstorming su soluzioni eco-sostenibili.

  - o **Comunicazione:** Materiali promozionali in carta riciclata, comunicazioni digitali per ridurre l'uso di carta.

- **Presentazione di un'Auto Elettrica Futuristica:** L'evento è incentrato sul tema "Mobilità del Futuro". Elementi Tematici:
    - o **Design degli Spazi:** Ambientazioni futuristiche, uso di luci LED, proiezioni olografiche dell'auto.
    - o **Attività Tematiche:** Test drive virtuali, presentazioni interattive delle caratteristiche innovative.
    - o **Catering:** Bevande e cibi futuristici, magari con presentazioni molecolari.
    - o **Comunicazione:** Inviti digitali con animazioni futuristiche, hashtag tematici per i social media.

- **Annual Meeting su "Navigare il Cambiamento":** L'evento utilizza il tema della navigazione per rappresentare le sfide e le opportunità del mercato. Elementi Tematici:
    - o **Design degli Spazi:** Decorazioni che richiamano il mare, mappe, bussole, timoni.
    - o **Attività Tematiche:** Workshop su strategia aziendale presentati come rotte di navigazione, giochi di team building legati alla navigazione.
    - o **Comunicazione:** Inviti e materiali con metafore nautiche, utilizzo di terminologia marinaresca.

- **Festival Musicale "Anni '80":** Un evento che celebra la musica e la cultura degli anni '80. Elementi Tematici:

  o **Design degli Spazi:** Decorazioni con neon, cassette audio giganti, poster di artisti dell'epoca.

  o **Attività Tematiche:** DJ set con musica anni '80, aree foto con oggetti vintage, concorso per il miglior outfit anni '80.

  o **Catering:** Cibi e bevande popolari negli anni '80, come cocktail classici.

- **Il Mondo di Alice:** Uno spettacolo ispirato ad "Alice nel Paese delle Meraviglie", dove il pubblico è immerso nel mondo fantastico del racconto. Elementi Tematici:

  o **Design degli Spazi:** Scenografie surreali, giochi di prospettiva, colori vivaci.

  o **Attività Tematiche:** Interazione con personaggi come il Cappellaio Matto, partecipazione a un "tea party" durante l'intervallo.

  o **Comunicazione:** Materiali promozionali che richiamano l'estetica del libro inviti a forma di carta da gioco.

Cultural Event Experience

- **Carnevale di Venezia (Venezia, Italia)** Il Carnevale di Venezia è un evento culturale annuale famoso per le sue maschere elaborate e costumi sontuosi, che richiama visitatori da tutto il mondo. Il tema centrale è il periodo storico del XVIII secolo veneziano. Tutti gli elementi, dalle sfilate alle feste in maschera, riflettono l'atmosfera e l'estetica dell'epoca. Elementi Tematici:

    o **Design degli Spazi:** Piazze e strade adornate con decorazioni barocche.

    o **Attività Tematiche:** Balli in maschera, spettacoli teatrali e musicali ispirati al Settecento.

    o **Comunicazione:** Materiale promozionale con immagini di maschere tradizionali e ambientazioni storiche.

Oktoberfest (Monaco di Baviera, Germania): La più grande fiera al mondo dedicata alla birra, che celebra la cultura e le tradizioni bavaresi. Il tema è la celebrazione della tradizione bavarese attraverso birra, cibo, musica e costumi tipici. Elementi Tematici:

- **Design degli Spazi:** Tendoni decorati in stile bavarese, tavoli in legno lunghi per la convivialità.

- **Attività Tematiche:** Sfilate in costumi tradizionali, musica folk, balli tipici.

- **Comunicazione:** Uso di simboli bavaresi come il diamante bianco e blu, immagini di birra e pretzel.

Educational Event Experience

- **Festival della Scienza (Genova, Italia):** Evento annuale che promuove la cultura scientifica attraverso incontri, laboratori e conferenze. Ogni edizione ha un tema specifico legato alla scienza, che guida la scelta delle attività e delle conferenze Elementi Tematici:
    - o **Design degli Spazi:** Allestimenti interattivi e installazioni scientifiche.
    - o **Attività Tematiche:** Laboratori pratici, esperimenti dal vivo, incontri con scienziati.
    - o **Comunicazione:** Materiale informativo che utilizza elementi grafici legati al tema scientifico dell'anno.

- **Greenbuild Conference (Internazionale):** Conferenza annuale dedicata all'edilizia sostenibile e all'architettura ecologica. Il tema centrale è la sostenibilità ambientale nell'edilizia, Elementi Tematici:
    - o **Design degli Spazi:** Utilizzo di materiali ecologici, stand espositivi sostenibili.
    - o **Attività Tematiche:** Workshop su tecnologie verdi, tour di edifici sostenibili.
    - o **Comunicazione:** Materiali stampati su carta riciclata, app mobile per ridurre l'uso di carta.

Commercial and Corporate Event Experience

- **Dreamforce by Salesforce (San Francisco, USA):** Conferenza annuale di Salesforce che riunisce professionisti per discutere di tecnologia e innovazione nel business. Ogni edizione ha un tema centrale legato al futuro del business e della tecnologia. Elementi Tematici:
    - o **Design degli Spazi:** Allestimenti high-tech, aree interattive con demo di prodotti.

    - o **Attività Tematiche:** Keynote speaker, workshop e sessioni incentrate sul tema.

    - o **Comunicazione:** Branding coerente con il tema, uso di slogan e immagini correlati.

- **Expo Milano 2015 (Milano, Italia):** Esposizione universale con il tema "Nutrire il Pianeta, Energia per la Vita". Il tema guida la progettazione dei padiglioni, le attività e le discussioni. Elementi Tematici:
    - o **Design degli Spazi:** Padiglioni architettonici ispirati alla sostenibilità e all'innovazione alimentare.

    - o **Attività Tematiche:** Mostre, conferenze e degustazioni legate al cibo e alla sostenibilità.

    - o **Comunicazione:** Branding e materiali informativi focalizzati sul tema alimentare.

- **Disneyland e Disney World (USA e Internazionale):** Parchi a tema basati sui personaggi e le storie Disney. Ogni area del parco è tematica, ispirata a film o mondi specifici. Elementi Tematici:
  - **Design degli Spazi:** Architettura e scenografie dettagliate per ricreare ambientazioni dei film.
  - **Attività Tematiche:** Attrazioni, spettacoli e parate con personaggi Disney.
  - **Catering:** Ristoranti e chioschi con cibi ispirati ai vari temi.

- **Harry Potter Studio Tour (Londra, Regno Unito) :** Tour degli studi dove sono stati girati i film di Harry Potter. Il tema è l'universo di Harry Potter, ricreato attraverso set originali, costumi e oggetti di scena. Elementi Tematici:
  - **Design degli Spazi:** Ricostruzione di ambientazioni come la Sala Grande, Diagon Alley, ecc.
  - **Attività Tematiche:** Possibilità di provare costumi, scoprire effetti speciali, partecipare a laboratori.
  - **Catering:** Caffetterie che offrono Burrobirra e altri cibi ispirati alla saga.

- **Festa di Compleanno a Tema "Viaggio nel Tempo"** :Organizzare una festa di compleanno in cui ogni area della location rappresenta un'epoca storica diversa, permettendo agli ospiti di "viaggiare nel tempo". Elementi Tematici:

  o **Scenografia:** Decorazioni che ricreano ambienti storici, come l'antico Egitto, il Medioevo, gli anni '20, il futuro.

  o **Attività:** Giochi e intrattenimenti legati alle diverse epoche, come tiro con l'arco nel Medioevo o una discoteca anni '70.

  o **Catering:** Menu ispirati alle diverse epoche, con piatti tipici di ogni periodo.

  o **Abbigliamento:** Inviti a vestirsi secondo l'epoca preferita o cambi d'abito forniti all'arrivo.

  o **Comunicazione:** Inviti e materiale informativo con design che richiamano il tema del viaggio nel tempo.

- **Matrimonio a Tema "Giardino Incantato":** Un matrimonio ambientato in un giardino all'aperto, con un'atmosfera fiabesca e magica. Elementi Tematici:

  o **Scenografia:** Decorazioni con fiori, luci soffuse, lanterne, archi floreali. Elementi come funghi giganti, farfalle artificiali, fontane luminose.

  o **Attività:** Musica dal vivo con strumenti classici. Performance di ballerini o artisti che interpretano creature fatate.

  o **Catering:** Menu ispirato alla natura, con piatti freschi e presentazioni creative.

  o **Comunicazione:** Inviti su carta pergamena con motivi floreali.

- **Festa a Tema "Cinema Hollywoodiano":** Una festa che celebra l'epoca d'oro di Hollywood, con riferimenti al cinema classico. Elementi Tematici:

  o **Scenografia:** Tappeto rosso all'ingresso, statue degli Oscar, set fotografici con sfondi di film famosi.

  o **Attività:** Proiezione di clip cinematografiche.

  o **Catering:** Cocktail e finger food raffinati, ispirati ai menu delle cene di gala.

  o **Abbigliamento:** Dress code formale da red carpet.

  o **Comunicazione:** Inviti in stile biglietto cinematografico vintage.

- **Festa per Bambini a Tema "Spazio e Astronauti":** Una festa di compleanno incentrata sull'esplorazione spaziale. Elementi Tematici:

  o **Scenografia:** Decorazioni con pianeti, stelle, astronavi e luci UV per un effetto spaziale.

  o **Attività:** Laboratori di costruzione di razzi di carta. Caccia al tesoro "missione spaziale".

  o **Catering:** Cibo presentato come razioni spaziali, torte a forma di pianeti.

  o **Abbigliamento:** Costumi da astronauta forniti ai bambini.

  o **Comunicazione:** Inviti a forma di biglietto di imbarco per una navicella spaziale.

- **Addio al Nubilato a Tema "Benessere e Spa":** Una giornata dedicata al relax e al benessere per la futura sposa e le sue amiche. Elementi Tematici:
  - o **Scenografia:** Allestimento di un ambiente rilassante con candele profumate, musica soft, aromaterapia.
  - o **Attività:** Trattamenti spa, yoga, meditazione guidata.
  - o **Catering:** Bevande detox, tisane, snack salutari.
  - o **Abbigliamento:** Accappatoi personalizzati e pantofole per tutte le partecipanti.
  - o **Comunicazione:** Inviti in stile zen con dettagli sul programma benessere.

- **Cena di Anniversario a Tema "Viaggio Gastronomico":** Una cena che celebra i sapori del mondo, ripercorrendo i luoghi visitati dalla coppia. Elementi Tematici:
  - o **Scenografia:** Tavoli decorati con elementi tipici delle diverse culture (es. tovagliette, centrotavola).
  - o **Attività:** Presentazione dei piatti con racconti delle esperienze di viaggio.
  - o **Catering:** Menu multiculturale con piatti tipici dei paesi scelti.
  - o **Abbigliamento:** Abiti o accessori ispirati alle diverse culture.
  - o **Comunicazione:** Inviti a forma di cartoline o biglietti aerei.

- **Festa di Laurea a Tema "Futuro e Innovazione":** Una celebrazione che guarda al futuro, ideale per un neolaureato in un campo scientifico o tecnologico. Elementi Tematici:

    o **Scenografia:** Decorazioni futuristiche con luci LED, elementi metallici, ologrammi.

    o **Attività:** Postazioni di realtà virtuale, demo di gadget tecnologici.

    o **Catering:** Cibo molecolare o presentazioni innovative dei piatti.

    o **Abbigliamento:** Dress code "futuristico" o elegante con tocchi moderni.

    o **Comunicazione:** Inviti digitali interattivi o con realtà aumentata.

- **Riunione di Famiglia a Tema "Radici e Tradizioni":** Un evento che celebra la storia e le tradizioni familiari. Elementi Tematici:

    o **Scenografia:** Esposizione di foto di famiglia, alberi genealogici, cimeli.

    o **Attività:** Racconti di storie familiari, creazione di un album collaborativo.

    o **Catering:** Piatti tradizionali della famiglia o della regione d'origine.

    o **Abbigliamento:** Abiti tradizionali o con elementi che richiamano le origini familiari.

    o **Comunicazione:** Inviti personalizzati con simboli o stemmi di famiglia.

- **Festa a Tema "Anni '80"** : Un evento che riporta gli ospiti nell'epoca degli anni '80, con musica, moda e cultura pop di quel decennio. Elementi Tematici:

  o **Scenografia:** Decorazioni con colori vivaci, poster di film e artisti dell'epoca, neon.

  o **Attività:** Gara di karaoke con canzoni anni '80, giochi arcade.

  o **Catering:** Snack tipici dell'epoca, cocktail colorati.

  o **Abbigliamento:** Dress code con spalline, colori fluo, capelli cotonati.

  o **Comunicazione:** Inviti in stile VHS o cassette audio.

- **Festa a Tema "Festival Musicale"** : Trasformare l'evento in un minifestival musicale, ideale per un compleanno o un anniversario. Elementi Tematici:

  o **Scenografia:** Palco per esibizioni, area relax con cuscini e tappeti, luci colorate.

  o **Attività:** Esibizioni di band locali, DJ set, open mic per gli ospiti.

  o **Catering:** Food truck o stand con cibo street food.

  o **Abbigliamento:** Stile boho o festivaliero, con coroncine di fiori e abiti leggeri.

  o **Comunicazione:** Inviti in forma di biglietti per il festival, braccialetti di ingresso.

- **Cena Privata a Tema "Mistero e Giallo"** : Organizzare una cena con delitto, in cui gli ospiti partecipano attivamente alla risoluzione di un mistero. Elementi Tematici:
  - **Scenografia:** Ambiente stile anni '20 o ispirato ai romanzi gialli, con dettagli misteriosi.
  - **Attività:** Gli ospiti interpretano personaggi e seguono indizi per scoprire l'assassino.
  - **Catering:** Menu elaborato con presentazioni enigmatiche.
  - **Abbigliamento:** Dress code elegante, magari in stile noir.
  - **Comunicazione:** Inviti che introducono la trama e il personaggio assegnato a ciascun ospite.

- **Festa di Pensionamento a Tema "Viaggio nel Mondo"** : Celebrare l'inizio di una nuova fase della vita con un evento che simboleggia la libertà di viaggiare. Elementi Tematici:
  - **Scenografia:** Decorazioni con mappe, valigie vintage, globi.
  - **Attività:** Gli ospiti possono lasciare suggerimenti di viaggio o condividere storie.
  - **Catering:** Piatti internazionali rappresentativi dei luoghi che il festeggiato desidera visitare.
  - **Abbigliamento:** Abiti ispirati a culture diverse o abbigliamento da viaggiatore.
  - **Comunicazione:** Inviti in forma di biglietto aereo o passaporto.

3.8. Approccio estetico

Principio 8: Approccio estetico

Approccio Estetico. L'estetica dell'esperienza deve essere attentamente curata.

Negli Event Experiences, questo implica una progettazione attenta degli spazi, dell'illuminazione, della grafica e di tutti gli elementi visivi. Ogni dettaglio, dai materiali utilizzati alle uniformi del personale, dovrebbe riflettere il tema e contribuire all'atmosfera generale. Un forte approccio estetico eleva la qualità percepita dell'evento e ne amplifica l'impatto emotivo.

L'approccio estetico è uno degli elementi, assieme al principio multisensoriale, all'approccio tematico e a quello della partecipazione diretta, alla base del concetto di "immersione". Gli eventi che costituiscono l'esperienza devono essere progettati con modalità simili ad una messa in scena teatrale con particolare cura per tutti gli aspetti che possano influire sull'estetica: l'atmosfera, il senso del bello, il luogo ed il tema scelti per l'esperienza, la trama (sceneggiatura) che deve essere coerente con il luogo ed il tema scelto. Particolare cura dovrà essere posta nel favorire gli stimoli sensoriali che armonizzano l'esperienza ed eliminando il più possibile gli indizi negativi che potrebbero disturbare l'esperienza.

In alcuni casi è utile ricordare quanto scritto da Blaise Pascal, citato da Freeman Tilden:

> *"Troppo rumore ci assorda; troppa luce ci acceca; troppa distanza o troppa vicinanza ci impediscono di vedere; un discorso troppo lungo o troppo corto lo rendono oscuro; troppa verità ci sconcerta"*[8]

o semplicemente l'antico detto nostrano:

Il troppo stroppia *(o storpia)*

---

[8] Freeman Tilden – Interpretare il nostro Patrimonio capitolo 10 "niente in eccesso"

Elementi dell'Approccio Estetico

- **Design Attento:** Il design dell'esperienza deve essere curato in ogni dettaglio, dai colori e le forme degli ambienti, ai suoni e gli odori che li caratterizzano. Questo include l'arredamento, l'illuminazione, e l'uso di materiali naturali o di alta qualità.

- **Esperienze Tematiche:** Creare esperienze che seguano un tema specifico, assicurando che ogni aspetto dell'esperienza sia coerente con questo tema. Questo include la scelta dei luoghi, le attività proposte e gli elementi scenografici.

- **Bellezza Naturale e Creata:** Sfruttare sia la bellezza naturale dell'ambiente che gli elementi estetici creati per arricchire l'esperienza. Questo può includere l'uso di panorami, paesaggi, arte e architettura.

- **Equilibrio:** Mantenere un equilibrio nell'uso degli elementi estetici, evitando eccessi che potrebbero essere sopraffacenti o distrattivi. Ogni elemento dovrebbe contribuire all'armonia complessiva dell'esperienza.

Alcuni elementi da prendere in considerazione:

- **Progettazione come Messa in Scena:** Ogni evento può essere paragonato a una messa in scena teatrale, dove l'ambiente naturale è il palcoscenico e i partecipanti sono gli attori. La trama dell'esperienza (tema), il ritmo (sequenza delle attività), e i "momenti clou" devono essere progettati con cura.

- **Progettazione degli Spazi:** Gli spazi devono essere progettati in modo da offrire un'esperienza estetica piacevole e coerente. Questo include la scelta dei materiali, i colori, gli arredi, le superfici e l'illuminazione.

- **Eliminazione di Indizi Negativi:** Per mantenere l'immersione nell'esperienza estetica, è importante eliminare quanto più possibile gli indizi negativi che potrebbero disturbare i partecipanti, come cavi esposti, segnaletica incoerente o rumori indesiderati.

Di seguito alcuni esempi operativi applicabili alla Private and Social Event Experience ma adattabili anche alle altre tipologie di eventi.

- **Matrimonio a Tema "Vintage Elegante"** : Un matrimonio ispirato agli anni '20, con un tocco vintage e sofisticato. Elementi Estetici:

  o **Scenografia:** Utilizzo di arredi retrò, tavoli con tovaglie di pizzo, candelabri in cristallo e decorazioni con piume e perle.

  o **Illuminazione:** Luci soffuse e lampade a sospensione vintage per creare un'atmosfera calda e romantica.

  o **Grafica:** Inviti e segnaposti con design Art Deco, caratterizzati da linee geometriche e colori oro e nero.

  o **Uniformi del Personale:** Camerieri e baristi vestiti in abiti ispirati agli anni '20, con gilet e cravatte a pois.

  o **Catering:** Piatti e bevande presentati in eleganti stoviglie vintage, cocktail classici serviti in bicchieri retrò.

- **Festa di Compleanno a Tema "Fiaba Incantata"** : Una festa di compleanno ispirata al mondo delle fiabe, ideale per bambini o adulti amanti delle storie magiche. Elementi Estetici:

  o **Scenografia:** Allestimento con castelli di cartone, alberi fatati, luci scintillanti e decorazioni con stelle e luna.

  o **Illuminazione:** Luci colorate e proiettori che creano effetti di luce magici, come scintille e bagliori.

  o **Grafica:** Inviti a forma di libri di fiabe, segnaposti con personaggi delle fiabe e banner decorati con illustrazioni fiabesche.

  o **Uniformi del Personale:** Camerieri vestiti da personaggi delle fiabe.

  o **Catering:** Torte a tema fiaba, dolci decorati con personaggi magici, buffet ispirato alle foreste incantate.

- **Cena di Gala a Tema "Black and White":** Una cena elegante dove tutto si svolge nei toni del nero e del bianco, creando un'atmosfera chic e sofisticata. Elementi Estetici:

    o **Scenografia:** Tavoli neri con tovaglie bianche, centrotavola minimalisti con candele bianche, decorazioni monocromatiche.

    o **Illuminazione:** Luci bianche e nere, utilizzo di faretti per creare contrasti e giochi di ombre.

    o **Grafica:** Inviti in bianco e nero, menu stampati elegantemente con caratteri sofisticati.

    o **Uniformi del Personale:** Camerieri e personale vestiti in abiti formali neri e bianchi, con accessori coordinati.

    o **Catering:** Presentazione dei piatti in modo creativo usando solo ingredienti bianchi e neri, cocktail monocromatici.

- **Riunione di Famiglia a Tema "Radici e Tradizioni" :** Una riunione familiare che celebra le tradizioni e le radici culturali della famiglia. Elementi Estetici:

    o **Scenografia:** Decorazioni con simboli culturali, fotografie di famiglia esposte su pareti decorate, elementi tradizionali come tessuti e artigianato locale.

    o **Illuminazione:** Illuminazione naturale integrata con luci calde per creare un ambiente accogliente.

    o **Grafica:** Inviti personalizzati con stemmi familiari o motivi tradizionali, segnaposti con nomi dei membri della famiglia.

    o **Catering:** Piatti tradizionali della cucina di origine della famiglia, presentati in modo autentico e curato.

- **Festa a Tema "Cinema Hollywoodiano"** : Una festa che celebra l'epoca d'oro di Hollywood, con riferimenti al cinema classico. Elementi Estetici:
  - **Scenografia:** Tappeto rosso all'ingresso, statue degli Oscar, set fotografici con sfondi di film famosi, decorazioni a tema cinema.

  - **Illuminazione:** Luci da red carpet, faretti per creare un'illuminazione scenografica.

  - **Grafica:** Inviti in stile biglietto cinematografico vintage, segnaposti con titoli di film classici.

  - **Uniformi del Personale:** Camerieri vestiti come paparazzi o come personaggi iconici di Hollywood.

  - **Catering:** Cocktail classici (es. Martini), finger food ispirati ai film, torte a tema cinema.

- **Festa di Laurea a Tema "Futuro e Innovazione"** : Una festa di laurea che celebra il futuro e l'innovazione, ideale per neolaureati in campi scientifici o tecnologici. Elementi Estetici:
  - **Scenografia:** Decorazioni futuristiche con luci LED, elementi metallici, proiezioni di immagini tecnologiche.

  - **Illuminazione:** Luci al neon, LED programmabili per cambiare colore e intensità.

  - **Grafica:** Inviti digitali interattivi, menu e segnaposti con design minimalista e tecnologico.

  - **Uniformi del Personale:** Abiti moderni con tocchi metallici o lucenti.

  - **Catering:** Cibo molecolare, presentazioni innovative dei piatti, cocktail futuristici con elementi tecnologici come fumo secco.

- **Festa di Compleanno a Tema "Spazio e Astronauti"** : Una festa di compleanno incentrata sull'esplorazione spaziale, ideale per appassionati di astronomia e fantascienza. Elementi Estetici:

  o **Scenografia:** Decorazioni con pianeti, stelle, razzi, luci a LED che simulano lo spazio.

  o **Illuminazione:** Luci blu e viola per creare un effetto cosmico, proiezioni di stelle e galassie.

  o **Grafica:** Inviti a forma di biglietti di imbarco, segnaposti con nomi di stelle o pianeti.

  o **Uniformi del Personale:** Camerieri vestiti da astronauti o alieni.

  o **Catering:** Torte a tema spaziale, snack presentati come razzi o comete, cocktail luminosi con effetto glow.

- **Festa a Tema "Casino Royale":** Una serata elegante ispirata al mondo di James Bond e dei casinò di lusso. Elementi Estetici:

  o **Scenografia:** Tavoli da gioco, luci soffuse, decorazioni dorate e nere, elementi tipici dei casinò come carte, dadi e chip.

  o **Illuminazione:** Luci al neon e luci soffuse per creare un'atmosfera sofisticata.

  o **Grafica:** Inviti eleganti con design minimalista, segnaposti ispirati ai giochi da casinò.

  o **Uniformi del Personale:** Camerieri vestiti in smoking e abiti formali, con accessori ispirati a James Bond.

  o **Catering:** Cocktail classici come Martini, finger food raffinati, buffet ispirati ai menu di lusso dei casinò.

- **Picnic Familiare a Tema "Eco-Sostenibilità"** : Un evento all'aperto che promuove la sostenibilità e il rispetto per l'ambiente. Elementi Estetici:

  o **Scenografia:** Utilizzo di materiali riciclati, stuoie eco-friendly, decorazioni con piante e fiori locali.

  o **Illuminazione:** Luci solari e candele biodegradabili per un'illuminazione sostenibile.

  o **Grafica:** Inviti digitali o stampati su carta riciclata, segnaposti con messaggi ecologici.

  o **Uniformi del Personale:** Camerieri e staff vestiti in abiti naturali e sostenibili, con accessori eco-friendly.

  o **Catering:** Cibo biologico a km zero, servito in stoviglie biodegradabili, bevande naturali e biologiche.

- **Evento Privato con Degustazione di Vini Guidata** : Potreste organizzare una degustazione con un sommelier che guida gli ospiti attraverso diversi vini, abbinati a cibi selezionati. Elementi Estetici:

  o **Scenografia:** Tavoli elegantemente allestiti con bicchieri da vino raffinati, candele e decorazioni in stile enoteca.

  o **Illuminazione:** Luci calde e soffuse per creare un'atmosfera accogliente e raffinata.

  o **Grafica:** Inviti con design sofisticato, menù di degustazione stampati su carta pregiata.

  o **Uniformi del Personale:** Camerieri vestiti in abiti formali.

  o **Catering:** Selezione di formaggi, salumi, pane artigianale e altri abbinamenti gastronomici che esaltano i vini degustati.

- **Festa a Tema "Festival Musicale":** Trasformare l'evento in un minifestival musicale, ideale per un compleanno o un anniversario. Elementi Estetici:
  - o **Scenografia:** Palco per esibizioni, area relax con cuscini e tappeti, luci colorate e decorazioni ispirate ai festival musicali.
  - o **Illuminazione:** Luci a LED, fari colorati e effetti di luce per creare un'atmosfera festosa.
  - o **Grafica:** Inviti in stile festival, segnaposti con nomi di band o generi musicali.
  - o **Uniformi del Personale:** Camerieri vestiti in stile boho o festivaliero, con accessori come coroncine di fiori e braccialetti colorati.
  - o **Catering:** Food truck o stand con cibo street food, bevande fresche e cocktail ispirati ai festival.

- **Cena Privata a Tema "Arte e Pittura":** Una cena ispirata all'arte e alla pittura, ideale per appassionati di arte o come celebrazione creativa. Elementi Estetici:
  - o **Scenografia:** Tavoli decorati con opere d'arte riprodotte, pennelli e colori, gallerie fotografiche di dipinti famosi.
  - o **Illuminazione:** Luci direzionali per evidenziare le opere d'arte, lampade artistiche.
  - o **Grafica:** Inviti con riproduzioni di opere d'arte, menù con disegni e dipinti.
  - o **Uniformi del Personale:** Camerieri vestiti in abiti creativi, magari con accessori ispirati ai pittori famosi.
  - o **Catering:** Piatti presentati artisticamente, dessert decorati con elementi di pittura come cioccolato e colori alimentari.

- **Festa a Tema "Jungle Adventure"** : Una festa ispirata alla giungla e all'avventura, ideale per compleanni o feste tematiche tra amici. Elementi Estetici:
  - o **Scenografia:** Decorazioni con piante esotiche, liane, animali finti, tende e luci verdi.
  - o **Illuminazione:** Luci verdi e marroni per creare un'atmosfera selvaggia, effetti di luce per simulare il sole filtrato tra gli alberi.
  - o **Grafica:** Inviti con design di foglie e animali della giungla, segnaposti a forma di foglie o animali.
  - o **Uniformi del Personale:** Camerieri vestiti da esploratori o animali della giungla.
  - o **Catering:** Cibo esotico come frutta tropicale, spiedini di carne, cocktail con nomi a tema giungla.

- **Festa a Tema "Circo Vintage"** : Una festa ispirata al circo vintage, con elementi retrò e spettacoli circensi. Elementi Estetici:
  - o **Scenografia:** Decorazioni con tendoni a strisce, luci colorate, attrezzi circensi come trapezi e giostre.
  - o **Illuminazione:** Luci brillanti e colorate per creare un'atmosfera vivace e festosa.
  - o **Grafica:** Inviti con design di tendoni da circo, segnaposti a forma di animali o strumenti circensi.
  - o **Uniformi del Personale:** Camerieri vestiti come clown, trapezisti o artisti circensi.
  - o **Catering:** Popcorn, zucchero filato, hot dog e altri snack tipici del circo, presentati in modo accattivante.

Alcuni Esempi:

Festival delle Lanterne di Pingxi - Taiwan

Un evento che celebra la cultura tradizionale attraverso l'uso di migliaia di lanterne artistiche. Elementi estetici:

- **Design Attento:** Lanterne di varie forme e dimensioni, realizzate con materiali tradizionali e disposte in modo da creare percorsi luminosi suggestivi.
- **Esperienze Tematiche:** Attività come laboratori di creazione di lanterne, spettacoli di danza e musica tradizionale.
- **Bellezza Naturale e Creata:** L'evento si svolge in parchi o lungo fiumi, sfruttando il riflesso delle luci sull'acqua.
- **Equilibrio:** L'illuminazione è progettata per essere armoniosa, evitando eccessi che potrebbero abbagliare o confondere.

Sito Web: https://eng.taiwan.net.tw/m1.aspx?sNo=0002020

Video: https://youtu.be/ZBF0WzzLlMU?si=SJQloGVY0Vmib70G

Disneyland e Disney World (USA e Internazionale)

Gia visto come esempio tematico. Vediamo invece gli elementi estetici:

- **Design Attento:** Ogni area del parco è progettata con dettagli minuziosi per rappresentare mondi diversi.

- **Esperienze Tematiche:** Attrazioni, ristoranti e negozi coerenti con il tema dell'area (es. Fantasyland, Adventureland).

- **Equilibrio:** Gestione del flusso dei visitatori per evitare sovraffollamenti e garantire un'esperienza piacevole.

- **Eliminazione di Indizi Negativi:** Backstage nascosti, personale sempre in costume e in ruolo per mantenere l'illusione.

Video:

https://youtu.be/_weVwAhe9jI?si=yuvvbRaOVGRpGo-v

Festival di Avignone - Avignone, Francia : Festival teatrale annuale che si svolge nella città storica di Avignone, utilizzando palazzi, cortili e luoghi storici come teatri. Le performance sono messe in scena in ambienti storici, creando un legame tra arte teatrale e patrimonio architettonico. Elementi Estetici:

- **Progettazione come Messa in Scena:** Ogni spettacolo è adattato al luogo, sfruttando le caratteristiche uniche degli spazi.

- **Design Attento:** Illuminazione e scenografie che esaltano l'architettura storica.

- **Eliminazione di Indizi Negativi:** Cura nel mascherare elementi moderni che potrebbero disturbare l'atmosfera storica.

Sito Web: https://festival-avignon.com/en

Cirque du Soleil – Internazionale

Compagnia di spettacoli circensi contemporanei noti per le loro produzioni artistiche e acrobatiche. Gli spettacoli sono caratterizzati da un forte senso estetico e da spettacoli che combinano performance acrobatiche con scenografie spettacolari e costumi elaborati. Elementi Estetici:

- **Design Attento:** Scenografie innovative, illuminazione creativa.

- **Progettazione come Messa in Scena:** Ogni spettacolo ha una narrativa e un'estetica unica.

- **Equilibrio:** Sincronizzazione tra musica, luci e performance per un'esperienza armoniosa.

- **Sito Web:** https://www.cirquedusoleil.com/

3.9. Intrattenimento

Principio 9: Intrattenimento

Intrattenimento: Il percorso esperienziale dovrebbe includere momenti di intrattenimento che arricchiscono l'esperienza. *L'intrattenimento è un componente chiave degli Event Experiences. Questo può manifestarsi attraverso performance artistiche, esibizioni musicali, spettacoli teatrali o altre forme di divertimento coerenti con il tema. L'intrattenimento non solo mantiene alto il livello di energia dell'evento, ma crea anche momenti di piacere e sorpresa che i partecipanti ricorderanno a lungo.*

Per quanto riguarda gli Entertainment and Show Experiences, vista la natura di tali eventi, il principio è da considerarsi endogeno, nelle altre sotto-tipologie di eventi l'integrazione di momenti di intrattenimento può arricchire l'esperienza complessiva, rendendola più piacevole e coinvolgente. L'intrattenimento non solo mantiene alto il livello di energia dell'evento, ma crea anche momenti di piacere e sorpresa che i partecipanti ricorderanno a lungo.

Importanza dell'Intrattenimento nelle Event Experience

- **Aumento del Coinvolgimento:** L'intrattenimento cattura l'attenzione dei partecipanti, mantenendo alto il loro interesse durante l'evento.
- **Alleggerimento dell'Atmosfera:** Momenti di intrattenimento possono rompere la monotonia, rendendo l'esperienza più dinamica e piacevole.
- **Creazione di Ricordi Positivi:** Esperienze divertenti e sorprendenti lasciano un impatto duraturo nella memoria dei partecipanti.
- **Fidelizzazione del Pubblico:** Un evento divertente aumenta la soddisfazione dei partecipanti, favorendo il passaparola positivo e la partecipazione futura.

Elementi Chiave dell'Intrattenimento

- **Attività Divertenti:** Integrare attività ludiche e di svago che siano puramente per il divertimento dei partecipanti. Queste possono includere giochi, concorsi, o momenti interattivi che coinvolgano i partecipanti.

- **Spettacoli:** Anche se l'evento non rientra nella categoria Entertainment and Show Experiences, laddove possibile, offrire momenti di spettacolo o esibizioni, come musica dal vivo, danze, teatro, o performance di artisti locali. Questi momenti di intrattenimento aggiungono valore all'esperienza e offrono un'opportunità per rilassarsi e godere dello spettacolo.

- **Interazioni Leggere:** Creare momenti di interazione leggera e giocosa, permettendo agli ospiti di connettersi tra loro in modo amichevole e non impegnativo. Questi momenti possono includere attività sociali e giochi di gruppo.

- **Sorprese Piacevoli:** Introdurre elementi sorpresa o inaspettati che possano deliziare e stupire gli ospiti. Queste sorprese possono essere piccole o grandi, ma sempre pensate per sorprendere piacevolmente gli ospiti.

- **Momenti di Socializzazione:** L'intrattenimento può anche servire a creare momenti di socializzazione all'interno del gruppo dei partecipanti. Ad esempio, durante le pause, i partecipanti possono essere coinvolti in discussioni guidate o giochi che favoriscono la condivisione di esperienze e la creazione di legami. Questi momenti alleggeriscono l'evento, rompendo il ritmo e creando un'atmosfera più rilassata e piacevole.

Esempi operativi:

Cultural Event Experience

- **Spettacoli di Artisti Locali:** Durante un festival culturale, organizzare performance di gruppi folkloristici locali che eseguono danze tradizionali, coinvolgendo il pubblico in sessioni di ballo.

- **Laboratori Creativi:** Allestire workshop dove i partecipanti possono imparare a suonare strumenti musicali tipici o creare oggetti artigianali, in un ambiente informale e divertente.

- **Giochi Tradizionali:** Organizzare competizioni di giochi popolari o antichi, come il tiro alla fune o la corsa con i sacchi, per coinvolgere famiglie e bambini.

- **Sfilate in Costume:** Realizzare parate in costume d'epoca, invitando i partecipanti a vestirsi e a prendere parte attiva alla sfilata.

- **Spettacoli Teatrali Itineranti:** Inserire rappresentazioni teatrali brevi in vari punti dell'evento, sorprendendo i visitatori con performance improvvise.

Educational Event Experience

- **Quiz e Concorsi a Premi:** Durante una conferenza, organizzare quiz interattivi sul tema trattato, con piccoli premi per i vincitori, per stimolare l'attenzione e rendere l'apprendimento più divertente.

- **Break con Intrattenimento:** Inserire momenti di pausa con esibizioni musicali o comiche per alleggerire il carico cognitivo e ricaricare l'energia dei partecipanti.

- **Laboratori Ludico-Educativi:** In un workshop, includere attività di team building basate su giochi che promuovono competenze come la collaborazione e la comunicazione.

- **Speaker Motivazionali con Approccio Divertente:** Invitare relatori che utilizzano l'umorismo e storie coinvolgenti per trasmettere concetti complessi in modo accessibile.

- **Esperienze Simulative:** Utilizzare realtà virtuale o giochi di ruolo per creare simulazioni interattive che rendono l'apprendimento più coinvolgente.

Commercial and Corporate Event Experience

- **Entertainment durante le Pause:** Durante un meeting aziendale, inserire momenti di intrattenimento come esibizioni di magia o stand-up comedy per mantenere alto il morale.

- **Attività di Networking Ludiche:** Organizzare giochi di networking, come il "business bingo", dove i partecipanti devono trovare persone con determinate caratteristiche professionali.

- **Demo Interattive con Elementi Divertenti:** Presentare nuovi prodotti attraverso giochi o sfide interattive, come escape room tematiche legate al prodotto.

- **Gala con Temi Divertenti:** Organizzare cene aziendali a tema, incoraggiando i partecipanti a vestirsi in costume e partecipare a attività correlate.

- **Sorprese per i Partecipanti:** Includere momenti inaspettati come flash mob o esibizioni artistiche improvvise durante l'evento.

Entertainment and Show Experience

Nota: In questa categoria, il principio dell'intrattenimento è intrinseco e costituisce il fulcro dell'evento. Tuttavia, è possibile arricchire ulteriormente l'esperienza integrando altri elementi.

- **Interazione con il Pubblico:** In uno spettacolo teatrale, coinvolgere il pubblico in alcuni numeri o chiedere volontari per salire sul palco.

- **Esperienze Dietro le Quinte:** Offrire ai partecipanti l'opportunità di visitare il backstage e incontrare gli artisti, aggiungendo un elemento esclusivo all'evento.

- **Aree Tematiche Interattive:** In un festival musicale, allestire zone con attività parallele come giochi, workshop artistici o realtà virtuale.

- **After Show Party:** Organizzare feste post-evento dove i partecipanti possono socializzare e continuare a divertirsi.

- **Spettacoli Multisensoriali:** Integrare tecnologie avanzate come ologrammi, mapping 3D o effetti speciali per sorprendere e affascinare il pubblico.

Di seguito alcuni esempi operativi applicabili alla Private and Social Event Experience ma adattabili anche alle altre tipologie di eventi.

- **Matrimonio con Spettacolo di Danza Coreografica:** Si potrebbe sorprendere gli ospiti con una performance di danza coreografata, eseguita dagli sposi o da ballerini professionisti, per aggiungere un tocco artistico e offrire un momento di intrattenimento.

- **Festa di Compleanno con Esibizione Musicale dal Vivo:** Considerate l'idea di ingaggiare una band o un cantante per esibirsi durante la festa. La musica dal vivo potrebbe aggiungere energia all'evento e invitare gli ospiti a ballare e interagire.

- **Serata a Tema con Attori in Costume:** Si potrebbe organizzare una festa a tema (es. anni '20, medievale) con attori in costume che interagiscono con gli ospiti attraverso scenette o giochi, per un'immersione completa nell'atmosfera del tema scelto.

- **Riunione Familiare con Spettacolo di Magia:** Per intrattenere i partecipanti, si potrebbe ingaggiare un mago o un illusionista, offrendo uno spettacolo che affascina sia adulti che bambini e favorisce momenti di condivisione.

- **Cena Privata con Show Cooking:** Potreste invitare uno chef che prepari le pietanze davanti agli ospiti, spiegando le tecniche culinarie utilizzate. Lo show cooking trasformerebbe la cena in un'esperienza interattiva ed educativa.

- **Festa di Laurea con DJ e Pista da Ballo:** Allestire una pista da ballo con un DJ che suoni musica appositamente selezionata per l'occasione potrebbe mantenere alta l'energia dell'evento e incentivare la partecipazione degli ospiti.

- **Evento Privato con Spettacolo Teatrale Itinerante:** Allestire piccole rappresentazioni teatrali in diverse aree della location potrebbe sorprendere gli ospiti con performance inaspettate durante l'evento.

- **Serata Karaoke per una Festa tra Amici:** Si potrebbe installare un sistema karaoke per invitare gli ospiti a esibirsi in canzoni famose.

- **Matrimonio con Performance di Artisti di Strada:** Potreste inserire giocolieri, acrobati o musicisti itineranti durante l'aperitivo o il ricevimento per offrire un intrattenimento integrato che non interrompa il flusso della serata.

- **Festa a Tema con Gioco di Ruolo dal Vivo:** Organizzare un "murder mystery party" in cui gli ospiti interpretano personaggi e risolvono un mistero potrebbe coinvolgere tutti in un'esperienza interattiva e collaborativa.

- **Festa in Piscina con DJ e Spettacolo di Luci:** Potreste organizzare una festa in piscina con musica dal vivo e illuminazione scenografica, trasformando l'ambiente in uno spazio di intrattenimento moderno.

- **Addio al Celibato/Nubilato con Spettacolo Comico:** Si potrebbe invitare un comico per uno spettacolo personalizzato, aggiungendo leggerezza all'evento.

- **Festa di Anniversario con Spettacolo Pirotecnico:** Concludere l'evento con uno spettacolo di fuochi d'artificio sincronizzati con musica significativa potrebbe creare un finale spettacolare ed emozionante.

- **Festa per Bambini con Spettacolo di Burattini:** Ingaggiare un burattinaio per intrattenere i piccoli ospiti con storie interattive potrebbe offrire un intrattenimento su misura per i bambini.

- **Serata di Gala con Esibizione di Musica Classica:** Invitare un quartetto d'archi o un pianista a esibirsi durante una cena elegante potrebbe creare un'atmosfera raffinata e memorabile.

- **Evento a Sorpresa con Flash Mob:** Potreste organizzare un flash mob coinvolgendo amici e familiari in una coreografia improvvisata, per un momento sorprendente ed emozionante.

3.10. Immersione

Principio 10: Immersione: Il principio di immersione si realizza prevalentemente attraverso la combinazione di multisensorialità, partecipazione diretta, approccio estetico e approccio tematico. *Negli Event Experiences, l'obiettivo è creare un ambiente in cui i partecipanti possano immergersi completamente nell'esperienza proposta. Coinvolgendo tutti i sensi, stimolando la partecipazione attiva e avvolgendo i partecipanti in un'atmosfera esteticamente curata e tematicamente coerente, l'evento permette loro di distaccarsi dalla realtà quotidiana. L'immersione, quindi, non è solo fisica, ma coinvolge emozioni e sensi, creando una connessione profonda che consente ai partecipanti di vivere l'evento in modo totale, creando una connessione intensa con il contesto, le attività e i contenuti proposti*

Come visto nei capitoli precedenti, alcuni percorsi esperienziali sono immersivi per la loro stessa natura. E' il caso di esperienze che vedono i visitatori a contatto diretto con la natura, o altri aspetti del patrimonio culturale. In questo caso il principio è applicato per il semplice fatto che i visitatori sono immersi nell'ambiente circostante, soprattutto se sono attori partecipanti in modo attivo alla esperienza.

La progettazione di un percorso esperienziale deve quindi prevedere attività di tipo immersivo che coinvolgono direttamente il partecipante in attività multisensoriali e che lo vedono coinvolto non solo dal punto di vista manuale e tattile ma anche intellettuale ed emotivo.

Elementi Chiave dell'Immersione

- **Ambienti Tematici:** Creare spazi completamente allineati con il tema dell'esperienza. Ogni dettaglio deve contribuire all'atmosfera desiderata, offrendo un'esperienza coerente e coinvolgente.

- **Narrativa Coinvolgente:** Sviluppare una narrativa interessante e coinvolgente che guidi gli ospiti attraverso l'esperienza. La storia dovrebbe catturare l'immaginazione e mantenere l'interesse degli ospiti. Esempio: Un tour guidato in una città storica che utilizza attori per rappresentare figure storiche e raccontare storie del passato, coinvolgendo gli ospiti in una narrazione viva.

- **Utilizzo della Tecnologia:** Implementare tecnologie avanzate per migliorare l'immersione. La VR (Realtà Virtuale) e l'AR (Realtà Aumentata) possono essere utilizzate per creare esperienze interattive che arricchiscono la comprensione e il coinvolgimento degli ospiti.

Strategie per creare immersione nelle Event Experience

1. **Curare Ogni Dettaglio:** Dalla segnaletica all'abbigliamento del personale, ogni elemento deve essere coerente con il tema.

2. **Stimolare Tutti i Sensi:**

   o **Vista:** Decorazioni, illuminazione, colori.

   o **Udito:** Musica, effetti sonori tematici.

   o **Olfatto:** Profumi ambientali che richiamano il tema.

   o **Gusto:** Catering con cibi e bevande coerenti.

   o **Tatto:** Materiali e superfici che arricchiscono l'esperienza tattile.

3. **Utilizzare la Tecnologia in Modo Intelligente:** Non solo per stupire, ma per arricchire la narrativa e facilitare la partecipazione attiva.

4. **Creare una Narrativa Coinvolgente:** Una storia ben costruita aumenta l'engagement e dà senso a tutte le attività proposte.

5. **Favorire la Partecipazione Attiva:** Dare ai partecipanti ruoli o missioni, permettendo loro di influenzare l'esperienza.

6. **Eliminare Distrazioni e Indizi Negativi:** Assicurarsi che nulla possa interrompere l'immersione, come elementi fuori tema o disorganizzazione.

Alcuni esempi operativi

Cultural Event Experience

- **Ricostruzioni Storiche Immersive: Festival Medievale in un Borgo Storico.**

  o **Ambienti Tematici:** Il borgo viene allestito per ricreare fedelmente l'atmosfera medievale, con decorazioni, mercati e costumi dell'epoca.

  o **Narrativa Coinvolgente:** Una trama che coinvolge i partecipanti in una storia dell'epoca, come la difesa del castello o una caccia al tesoro.

  o **Partecipazione Diretta:** I visitatori possono indossare abiti medievali, partecipare a tornei di scherma o laboratori di arti e mestieri.

  o **Utilizzo della Tecnologia:** Applicazioni AR che permettono di vedere come appariva il borgo nel Medioevo o di interagire con personaggi storici virtuali.

- **Festival Culturali Tematici: Festival delle Lanterne**

  o **Ambienti Tematici:** Spazi decorati con migliaia di lanterne di varie forme e colori.

  o **Narrativa Coinvolgente:** Racconti legati alle tradizioni delle lanterne, condivisi attraverso performance e spettacoli.

  o **Partecipazione Diretta:** Laboratori per creare la propria lanterna da lanciare durante l'evento.

  o **Multisensorialità:** Musica tradizionale, profumi di cibo locale, giochi di luce.

Educational Event Experience

- **Musei Interattivi e Immersivi: Mostra Scientifica Interattiva**

    o **Ambienti Tematici:** Sale allestite per rappresentare ambienti naturali o spaziali, come una foresta pluviale o la superficie di Marte.

    o **Narrativa Coinvolgente:** Un percorso guidato che racconta una storia, ad esempio, la missione di esplorare un nuovo pianeta.

    o **Utilizzo della Tecnologia:** Realtà Virtuale per simulare viaggi nello spazio o esperimenti scientifici.

    o **Partecipazione Diretta:** Esperimenti mani-on, simulazioni interattive, laboratori pratici.

- **Workshops Immersivi: Bootcamp di Coding in Realtà Virtuale**

    o **Ambienti Tematici:** Aule virtuali personalizzate dove gli studenti possono interagire con elementi di codice in 3D.

    o **Narrativa Coinvolgente:** Un gioco di ruolo dove i partecipanti devono "programmare" per superare sfide o missioni.

    o **Partecipazione Diretta:** Scrittura di codice che ha un impatto immediato nell'ambiente virtuale.

Commercial and Corporate Event Experience

- **Lancio di Prodotto Immersivo: Presentazione di un'auto elettrica innovativa**

  o **Ambienti Tematici:** Location trasformata in una città futuristica sostenibile.

  o **Narrativa Coinvolgente:** I partecipanti sono invitati a immaginare la vita nel futuro, con l'auto come elemento centrale.

  o **Utilizzo della Tecnologia:** Test drive virtuali in VR, dove i partecipanti possono sperimentare le funzionalità dell'auto in diversi scenari.

  o **Partecipazione Diretta:** Workshop su energie rinnovabili, possibilità di interagire con gli ingegneri.

- **Fiera Commerciale con Esperienze Immersive: Expo Tecnologica con Percorsi Tematici**

  o **Ambienti Tematici:** Ogni stand è parte di un percorso narrativo che mostra l'evoluzione tecnologica.

  o **Narrativa Coinvolgente:** Una storia che guida i visitatori attraverso le innovazioni, dal passato al futuro.

  o **Utilizzo della Tecnologia:** Ologrammi, AR per mostrare prodotti in modo interattivo.

  o **Partecipazione Diretta:** Dimostrazioni pratiche, laboratori, possibilità di personalizzare prodotti in tempo reale.

Entertainment and Show Experience

Nota: In questa categoria, il principio dell'immersione è spesso intrinseco, ma può essere ulteriormente potenziato.

- **Spettacoli Teatrali Immersivi:Performance Itinerante in una Città Storica**

    o **Ambienti Tematici:** La città stessa diventa il palcoscenico, con scene rappresentate in luoghi significativi.

    o **Narrativa Coinvolgente:** Gli spettatori seguono una trama muovendosi attraverso diverse location.

    o **Partecipazione Diretta:** Il pubblico interagisce con gli attori, influenzando lo svolgimento della storia.

    o **Utilizzo della Tecnologia:** Audio guide sincronizzate, effetti speciali proiettati sugli edifici.

- **Parchi a Tema Immersivi: Parco Divertimenti Basato su un Universo Fantastico**

    o **Ambienti Tematici:** Ogni area del parco rappresenta una regione del mondo fantastico, con architettura, suoni e odori specifici.

    o **Narrativa Coinvolgente:** Una storia principale che coinvolge tutti i visitatori, con missioni e sfide.

    o **Utilizzo della Tecnologia:** Braccialetti RFID che registrano i progressi dei visitatori, interazioni con personaggi animatronici o virtuali.

    o **Partecipazione Diretta:** Attrazioni interattive, spettacoli in cui il pubblico ha un ruolo attivo.

Di seguito alcuni esempi operativi applicabili alla Private and Social Event Experience ma adattabili anche alle altre tipologie di eventi.

1. Festa di Compleanno a Tema Vintage

Descrizione: Una festa di compleanno immersiva in stile vintage, con ogni elemento dell'evento ispirato a un'epoca specifica, come gli anni '20 o '80.

Applicazione del Principio:

- **Scenografia e Costumi:** Gli ambienti sono decorati con arredi e accessori d'epoca, e si invita gli ospiti a vestirsi secondo lo stile dell'epoca scelta.

- **Musica e Intrattenimento:** La colonna sonora dell'evento include musica dell'epoca, mentre le attività includono danze tipiche o giochi popolari del periodo.

- **Catering Tematico:** Il menu include cibi e bevande tradizionali del tempo, serviti in modalità coerente con il tema.

Effetto Immersivo: I partecipanti vivono l'esperienza di un viaggio indietro nel tempo, sentendosi completamente immersi in un'altra epoca. L'atmosfera li avvolge e stimola ogni senso, rendendo l'evento memorabile e unico.

2. Anniversario a Tema Viaggio Culturale

Descrizione: Una celebrazione di anniversario con un tema culturale, come "Una notte a Marrakech" o "Giappone antico", che fa immergere gli ospiti in una cultura diversa.

Applicazione del Principio:

- **Decorazioni e Design degli Spazi:** La location è decorata per richiamare un tipico ambiente marocchino o giapponese, con lanterne, tappeti e tessuti tradizionali.

- **Esperienze Multisensoriali:** Incenso o aromi locali, musica tradizionale e proiezioni video per ricreare i paesaggi e le atmosfere del luogo.

- **Esperienze Gastronomiche:** Menù basato sulla cucina tipica della cultura scelta, con un'area di degustazione dove gli ospiti possono assaggiare piatti e bevande locali.

Effetto Immersivo: L'interazione con elementi estetici e sensoriali immersivi trasporta gli ospiti in un viaggio culturale profondo, con la possibilità di scoprire tradizioni e sapori nuovi.

3. Evento Privato a Tema "Foresta Incantata"

Descrizione: Un evento privato immersivo ambientato in una foresta incantata, ideale per feste di compleanno o celebrazioni personali.

Applicazione del Principio:

- **Location e Scenografia Naturale:** Scegliere un ambiente all'aperto o un'area decorata con elementi naturali (alberi, luci soffuse, suoni della natura).

- **Esperienze Sensoriali:** Aggiungere suoni della natura, come il fruscio delle foglie e il canto degli uccelli, e usare luci soffuse per ricreare l'atmosfera di una foresta.

- **Attività Tematiche:** Organizzare attività come la caccia al tesoro tra i "misteri della foresta" o racconti di fiabe sotto le stelle.

Effetto Immersivo: I partecipanti si sentono parte di un mondo magico e fiabesco, con ogni elemento che stimola l'immaginazione e coinvolge i sensi.

4. Cena Privata con Esperienza Enogastronomica Multisensoriale

Descrizione: Una cena privata che integra un'esperienza enogastronomica con stimoli visivi, olfattivi e tattili.

Applicazione del Principio:

- **Allestimento Tematico:** La tavola e l'ambiente sono decorati con colori e dettagli che richiamano i sapori del menu, come temi ispirati a un vigneto toscano o a una fattoria provenzale.

- **Degustazione Guidata Multisensoriale:** Durante la cena, un sommelier guida gli ospiti attraverso la degustazione, abbinando vini con pietanze locali e incoraggiando l'esplorazione di sapori e aromi.

- **Coinvolgimento Sensoriale Completo:** Si usano profumi specifici nell'ambiente (come aromi di lavanda per una cena provenzale), e le luci e i suoni aiutano a creare una scena che coinvolge completamente gli ospiti.

Effetto Immersivo: Gli ospiti vivono un'esperienza gastronomica completa, dove ogni elemento, dai sapori agli aromi, contribuisce a creare un legame profondo con la cucina e la cultura esplorate.

5. Festa a Tema "Viaggio nel Futuro"

Descrizione: Un evento privato che proietta gli ospiti in un futuro immaginario, adatto a feste di compleanno o celebrazioni aziendali.

Applicazione del Principio:

- **Design Futuristico:** Utilizzare materiali metallici, luci al neon e arredi minimali per creare un'atmosfera futuristica.

- **Tecnologie Avanzate:** Includere elementi di realtà aumentata o realtà virtuale per permettere agli ospiti di esplorare scenari futuristici.

- **Esperienze Sensoriali Interattive:** Aggiungere giochi interattivi che richiedono l'uso di dispositivi elettronici, schermi touchscreen e proiezioni immersive.

Effetto Immersivo: I partecipanti vivono un'esperienza che simula un mondo futuristico, combinando elementi tecnologici e scenografici per creare un'atmosfera all'avanguardia.

6. Celebrazione Tematica "Miti e Leggende"

Descrizione: Un evento privato che esplora miti e leggende di una specifica cultura.

Applicazione del Principio:

- **Scenografia Mitologica:** Creare ambienti decorati con elementi che rappresentano figure mitologiche, templi antichi o paesaggi fantastici.

- **Rievocazioni e Racconti:** Includere attori che raccontano o rappresentano storie mitologiche, coinvolgendo i partecipanti in dialoghi e interazioni.

- **Esperienze Sensoriali:** Luci soffuse, suoni naturali e odori evocativi (come incenso o fiori esotici) creano un'atmosfera che richiama l'antichità.

Effetto Immersivo: L'evento trasporta i partecipanti in un mondo antico, in cui possono vivere le emozioni dei miti e delle leggende in modo intenso e memorabile.

Alcuni esempi:

Sleep No More - New York, USA

Sleep No More è uno spettacolo teatrale immersivo prodotto dalla compagnia britannica Punchdrunk, basato sul "Macbeth" di Shakespeare. Gli spettatori sono liberi di muoversi attraverso un hotel a più piani, esplorando ambienti dettagliati e seguendo gli attori mentre la storia si svolge attorno a loro. Elementi immersivi:

- **Ambienti Tematici:** L'intero spazio è allestito come un hotel degli anni '30, con stanze dettagliate e oggetti di scena autentici.

- **Narrativa Coinvolgente:** Gli spettatori seguono una trama non lineare, scegliendo quali personaggi seguire e quali ambienti esplorare.

- **Partecipazione Diretta:** Gli spettatori sono incoraggiati a interagire con l'ambiente e, in alcuni casi, con gli attori stessi.

- **Eliminazione di Indizi Negativi:** Gli spettatori indossano maschere per mantenere l'anonimato e aumentare l'atmosfera surreale.

Sito Web: https://mckittrickhotel.com/sleep-no-more/

Festival Burning Man - Black Rock Desert, Nevada, USA

Il Burning Man è un evento annuale che si svolge nel deserto del Nevada, dove viene creata temporaneamente una città interamente dedicata all'arte, all'auto-espressione e all'auto-sufficienza. Elementi immersivi:

- **Ambienti Tematici:** L'intera città è un'opera d'arte collettiva, con installazioni artistiche monumentali e strutture architettoniche uniche.

- **Partecipazione Diretta:** I partecipanti contribuiscono attivamente creando arte, organizzando workshop e condividendo esperienze.

- **Narrativa Coinvolgente:** Ogni anno ha un tema che guida le espressioni artistiche e le attività.

- **Eliminazione di Indizi Negativi:** L'assenza di commercio tradizionale e la cultura del dono creano un'atmosfera unica.

Sito Web: https://burningman.org/

Villaggio di Babbo Natale - Rovaniemi, Finlandia

Situato nel Circolo Polare Artico, il villaggio offre un'esperienza natalizia completa, con la possibilità di incontrare Babbo Natale, visitare laboratori di elfi e partecipare ad attività invernali. Elementi immersivi:

- **Ambienti Tematici:** Il villaggio è allestito come un mondo fiabesco, con decorazioni natalizie ovunque.

- **Narrativa Coinvolgente:** La storia di Babbo Natale e le tradizioni natalizie vengono vissute in prima persona.

- **Partecipazione Diretta:** Attività come costruire giocattoli, fare gite in slitta trainata da renne o cani husky.

- **Multisensorialità:** Il freddo dell'Artico, i profumi di biscotti e vin brulé, le luci delle decorazioni.

Sito Web: https://santaclausvillage.info/

Museum of Ice Cream - USA

Un museo interattivo dedicato al gelato, dove i visitatori possono esplorare stanze a tema, partecipare ad attività e, naturalmente, gustare gelato. Elementi immersivi:

- **Ambienti Tematici:** Ogni stanza è progettata con un tema specifico legato al gelato, come la piscina di sprinkles (codette di zucchero).

- **Partecipazione Diretta:** I visitatori possono toccare, giocare e interagire con le installazioni.

- **Narrativa Coinvolgente:** Un percorso che racconta la storia e la cultura del gelato in modo ludico.

- **Multisensorialità:** Colori vivaci, musica, degustazioni di vari tipi di gelato.

Sito Web: https://www.museumoficecream.com/

The Wizarding World of Harry Potter - Universal Studios, Orlando, USA

Un'area tematica all'interno del parco Universal Studios, che ricrea il mondo di Harry Potter. Elementi immersivi:

- **Ambienti Tematici:** Ricostruzione dettagliata di luoghi iconici come Diagon Alley, Hogwarts, Hogsmeade.

- **Narrativa Coinvolgente:** Attrazioni e spettacoli basati sulle storie dei libri e dei film.

- **Partecipazione Diretta:** I visitatori possono acquistare bacchette magiche interattive per eseguire "incantesimi" nel parco.

- **Utilizzo della Tecnologia:** Effetti speciali, animatronics, realtà aumentata.

Sito Web:

https://www.universalorlando.com/web/en/us/universal-orlando-resort/the-wizarding-world-of-harry-potter/hub

Avatar Flight of Passage - Disney's Animal Kingdom, Orlando, USA

Un'attrazione che permette ai visitatori di volare attraverso il mondo di Pandora, ispirato al film "Avatar". Elementi immersivi:

- **Utilizzo della Tecnologia:** Simulatore di volo avanzato con effetti 3D e 4D.

- **Ambienti Tematici:** Ricreazione dettagliata del mondo di Pandora, con flora bioluminescente e suoni ambientali.

- **Narrativa Coinvolgente:** I visitatori diventano avatar e partecipano a una missione nel mondo di Pandora.

- **Multisensorialità:** Vento, spruzzi d'acqua, profumi che corrispondono alle ambientazioni.

Sito Web: https://disneyworld.disney.go.com/attractions/animal-kingdom/avatar-flight-of-passage/

TeamLab Borderless - Tokyo, Giappone

Un museo digitale interattivo dove le opere d'arte si muovono liberamente e i visitatori possono interagire con esse. Elementi immersivi:

- o **Utilizzo della Tecnologia:** Proiezioni digitali, sensori di movimento, suoni sincronizzati.

- o **Ambienti Tematici:** Spazi in continua evoluzione che reagiscono alla presenza dei visitatori.

- o **Partecipazione Diretta:** Interazione con le opere, che cambiano in base alle azioni dei visitatori.

- o **Multisensorialità:** Luci, suoni, e talvolta profumi che creano un'esperienza sensoriale completa.

Sito Web: https://borderless.teamlab.art/

4. Event Experience e professioni di riferimento

Nuove Figure Professionali

L'evoluzione del settore turistico e culturale verso un approccio esperienziale richiede la presenza di figure professionali focalizzate sulle offerte esperienziali, nonché della specializzazione delle figure storiche che operano in ambito turistico, culturale e artistico. Questa trasformazione, inizialmente avviata nel settore turistico, si è ormai estesa a ogni ambito: dalla ristorazione all'ospitalità, dai viaggi all'intrattenimento culturale e artistico, fino ai servizi e alla commercializzazione dei prodotti, tramite il marketing esperienziale.

L'integrazione tra lo Specialista in Event Experience e figure storiche come il Cultural Event Manager permette di creare un sistema in cui gli eventi vengono vissuti in maniera completa e trasformativa.

Questa nuova figura professionale si affianca e, in alcuni casi, si integra con le figure tradizionali che operano nel settore degli eventi. Pur mantenendo la loro identità, queste possono ampliare la propria professionalità integrando elementi di eventi esperienziali, diventando così Specialisti in Event Experience.

Lo Specialista in Event Experience è una figura professionale qualificata nella progettazione, pianificazione e gestione di eventi esperienziali, con competenze trasversali che spaziano tra diversi settori: culturale, aziendale, educativo, e molteplici altre aree, come eventi collegati alle esperienze classificate in categorie distinte (Dinner, Sport, Entertainment, Wellness, ecc.). Questa figura si distingue per l'abilità di integrare sapientemente i principi della multisensorialità e dell'emozione all'interno degli eventi, con l'obiettivo di creare esperienze memorabili, capaci di superare le aspettative dei partecipanti e di valorizzare la qualità dell'evento.

Oltre a progettare e gestire eventi, lo Specialista in Event Experience è spesso coinvolto direttamente nell'operatività del settore in cui l'evento si svolge, promuovendo e arricchendo l'offerta di servizi correlati. Questa integrazione gli consente di lavorare in sinergia con altre figure professionali, contribuendo a massimizzare l'impatto esperienziale di ogni evento.

In alternativa, lo Specialista in Event Experience può operare all'interno di organizzazioni o strutture che desiderano realizzare eventi esperienziali, assumendo ruoli chiave non solo come specialista, ma anche come Event Manager o in posizioni dirigenziali . In queste funzioni, è responsabile della supervisione della progettazione e della gestione di eventi coerenti con i principi dell'esperienza, garantendo che tutte le componenti dell'evento (logistica, programmazione, accoglienza, contenuti) siano ottimizzate per offrire un'esperienza completa e coinvolgente.

Normativa di riferimento

- Quadro Europeo delle Qualifiche (European Qualification Framework – EQF)

- Raccomandazione 2009/C 155/02 (Sistema europeo di crediti per l'istruzione e la formazione professionale -ECVET)

- Legge 4/2013 relative alle professioni non organizzate in ordini e collegi (Italia)

Compiti e attività specifiche

Si presume che le varie figure specialistiche abbiano una conoscenza adeguata del settore in cui intendono operare. Pertanto, non verranno trattati i compiti legati alla propria attività professionale o artistica primaria, ma solo quelli orientati all'attività strettamente di natura esperienziale.

Descrizione dei compiti

- T1: Progettare le esperienze legate agli eventi

- T2: Gestire le esperienze

    - T2.1: Pianificare le attività

    - T2.2: Predisporre le Location interessate

    - T2.3: Gestire l'esperienza e garantirne la corretta esecuzione

- T3: Valutare e migliore la qualità delle esperienze

Link allo schema di riferimento aggiornato per il riconoscimento professionale per lo Specialista in Event Experience:

https://www.itinerariesperienziali.it/specialista-in-event-experience/

In Italia, esiste un percorso per la legittimazione dei professionisti non ordinistici del settore turistico e culturale compreso le figure professionali operanti nel settore delle esperienze.

Il DPCM 14/10/2021, noto come "Decreto reclutamento" e pubblicato nella Gazzetta Ufficiale n. 268 del 10/11/2021, fornisce per la prima volta una definizione legale di "professionista". In sintesi è professionista chi:

- è iscritto a un albo, collegio o ordine professionale;
- possiede attestazione rilasciata ai sensi della L. 4/2013;
- possiede certificazione UNI.

Per tutte le figure professionali per cui non esistono albi, e considerando la tendenza europea a non incentivare la creazione di nuovi albi nazionali a causa delle difficoltà di riconoscimento a livello europeo, le uniche opzioni disponibili per il riconoscimento dei requisiti professionali, in conformità con la normativa vigente, almeno in Italia, sono l'attestazione secondo la Legge 4/2013 o la certificazione UNI.

Certificazione o Attestazione ai sensi della Legge 4/2013?

La certificazione non è facilmente proponibile, almeno in Italia, se non dopo un passaggio che porti alla definizione di norme tecniche emanata dall'Ente nazionale italiano di unificazione (UNI). Una tale norma potrebbe anche essere recepita dall'Organismo di Normazione Europea (EN) ed infine dall'Organizzazione Internazionale per la Standardizzazione (ISO).

Il passaggio proposto, almeno in ambito nazionale italiano, è strutturato in due fasi chiave, mirate a garantire un riconoscimento professionale in linea con gli standard europei e nazionali:

1. Riconoscimento delle competenze professionali ai sensi della Legge 4/2013 sulla base di schemi di riconoscimento in linea con gli standard europei **EQF** ed **ECVET**. Inoltre, è preferibile che gli schemi di riconoscimento adottati siano coerenti anche con lo standard ANPR UNI.

2. Certificazione in base a specifiche norme UNI. Ciò garantisce anche una maggiore uniformità, trasparenza e riconoscibilità delle competenze sul mercato del lavoro.

In relazione alla prima fase AIPTOC ha sviluppato i propri schemi per il rilascio dell'attestazione ai sensi della L. 4/2013, in linea ai già citati standard EQF, ECVET e ANPR.

Tutti gli schemi elaborati da AIPTOC, si basano su un modello denominato "Ciclo delle Competenze". Questo modello costituisce un ponte tra il mondo dell'istruzione e quello del lavoro, di norma caratterizzati dai seguenti standard:

- **Standard Professionali** (SP): basati sui compiti e i risultati ottenuti in un contesto lavorativo.
- **Standard Formativi** (SF): riguardano il processo di acquisizione e valutazione delle competenze

Questo modello facilita la creazione di profili professionali (SP) fondati sulle competenze (espresse in termini di Conoscenze, Abilità e Autonomia e Responsabilità) e di Standard Formativi (SF) basati sui risultati dell'apprendimento. Tali risultati sono espressi in termini di conoscenze, abilità, responsabilità e autonomia, radicandosi, dunque, nel concetto di competenza stessa.

L'importanza di un riconoscimento professionale ai sensi della Legge 4/2013

L'importanza di un riconoscimento di una Associazione autorizzata ai sensi della Legge 4/2013 è ormai evidenziata da ulteriori elementi normativi intervenuti negli ultimi anni, di seguito solo un breve estratto:

- 2024: Ordinanza del Consiglio di Stato Sez. VII 995/2024: che introduce nuovi elementi che assimilano le professioni ordinistiche a quelle regolate dalla Legge 4/2013.

- 2023: Con il D.M. 4.8.2023 n. 109 il Ministro della Giustizia ha adottato il regolamento che stabilisce i requisiti per l'iscrizione all'albo dei consulenti tecnici di ufficio, nonché la formazione, la tenuta e l'aggiornamento di tale albo.

- 2022: Microcredito. L'intervento del Fondo mediante la concessione di una garanzia pubblica sulle operazioni di microcredito è ammesso per i professionisti iscritti agli ordini professionali o alle associazioni professionali iscritte nell'elenco tenuto dal Ministero dello sviluppo economico ai sensi della legge 4/2013.

- 2022: il DPCM 14/10/2021 mette sullo stesso piano, ai fini dell'inserimento nella Pubblica Amministrazione, le professioni non ordinistiche a quelle ordinistiche, infatti ai fini del decreto si intende per: "professionista": la persona fisica iscritta ad un albo, collegio o ordine professionale e i professionisti come definiti ai sensi dell'art. 1 della legge 14 gennaio 2013, n. 4, in possesso dell'attestazione di qualità e di qualificazione professionale dei servizi ai sensi dell'art. 7 della legge 14 gennaio 2013, n. 4, rilasciata da un'associazione professionale inserita nell'elenco del Ministero dello sviluppo economico, o in possesso di certificazione in conformità alla norma tecnica UNI ai sensi dell'art. 9 della legge 14 gennaio 2013, n. 4 (Art. 1 DPCM 14/10/2021

- 2019 Il MIBACT con il D.M. 244 del 20 maggio 2019 ha istituito l'elenco nazionale dei "Professionisti dei beni culturali" relativo alle seguenti professioni: Antropologo fisico, Archeologo, Archivista, Bibliotecario, Demoetnoantropologo, Esperto di diagnostica e di scienze e tecnologia applicate ai beni culturali, Storico dell'arte. Le associazioni ex Legge 4/2013, sono considerate associazioni certificanti ai sensi dell'art. 4, comma 7 del D.M 244/2019, per il riconoscimento dei requisiti professionali ai fini dell'inserimento nell'elenco nazionale dei "Professionisti dei beni culturali".

Percorsi formativi

Per chi volesse approfondire gli argomenti trattati nel presente volume può fare riferimento ai corsi indicati nella pagina web, dedicata alla formazione:

https://www.centrostudihelios.it/speciale-professionisti-delle-esperienze/

Bibliografia utile

- Charles Spence - Gastrofisica: la nuova scienza del mangiare – Readrink edizioni 2020

- Freemn Tilden – Interpretare il nostro Patrimonio – Edizione italiana del 2019 – Libreria Geografica

- L. Beck, T. Cable, Interpretation for the 21st Century. Fifteen guiding principles for interpreting nature and culture. Sagamore Publishing, 1998.

- Riccardo Pagano: Educazione ed Interpretazione – Profili e categorie di una pedagogia ermeneutica. Brescia – 2018

- HeriQ – Quality Heritage Interprtation

- InHerit Introduzione allo sviluppo professionale dell'Interpretazione del patrimonio naturalistico e culturale

- Linee Guida per l'Educazione ambientale e allo sviluppo sostenibile (gruppo di lavoro interministeriale)

- Franco Bianco: Introduzione all'ermeneutica - Laterza 1998

- John A Veverka: Interpretive Master Planning Volume One: Strategies for the New Millennium m useums etc

- John A Veverka: Interpretive Master Planning Volume Two: Selected Essays Philosophy, Theory and Practice

- Journal of interpretation RESEARC: Interpretation: Making a Difference on Purpose

- Schema APNR (Attività Professionali Non Regolamentate) adottato dall'UNI per la normazione tecnica in ambito APNR

- Guida CEN 14 "Linee guida di indirizzo per le attività di normazione sulla qualificazione delle professioni e del personale.

- Bloom, B.S. (Ed.), Engelhart, M.D., Furst, E.J., Hill, W.H. and Krathwohl, D.R. Taxonomy of Educational Objectives: Handbook 1: Cognitive Domain. (1956)

- Anderson, L.W., Krathwohl, D.R. (Eds.) A Taxonomy for Learning, Teaching and Assessing. A Revision of Bloom's Taxonomy of Educational Objectives. (2001)

- B. Joseph Pine, James H. Gilmore: L'economia delle esperienze. Oltre il servizio – Etas 2000, Rizzoli 2013

- Bernd H. Schmitt: Experiential Marketing. The Free Press New York – 1999

- David Allen Kolb: Experiential learning: experience as the source of learning and development – New Jersev 1984

- Sam H. Ham. Environmental Interpretation: A Practical Guide for People With Big Ideas and Small Budgets – 1992

- Donald R. Field e J. Alan Wagar. Visitor groups and interpretation in parks and other outdoor lcisure settings. "Guideline - a Pubblication of the park program Vol. 4 n° 2 MAR/APR 1974 "

- Foundations of Interpretation Competency Narrative, documento di 47 pagine pubblicato dal Eppley Institute for Parks & Public Lands nel 2009 da un precedente documento del 2007 pubblicato dal National Park Scrvicc U.S. Department of the Interior nell'ambito del programma "Interpretive Development Program"7)

- Sam H. Ham, Ph.D. Can Interpretation Really Make a Difference? Answers to Four Questions from Cognitive and Behavioral Psychology. Sam H. Ham, Ph.D. Can Interpretation Really Make a Difference? Answers to Four Questions from Cognitive and Behavioral Psychology. Vancouver, Canada March 25-29, 2007.

- Visitor Use and Evaluation of Interpretive Media A Report on Visitors to the National Park System (2003) pubblicato dal National Park Service U.S. Department of the Interior - Interpretive Development Program

- Ignazio Caloggero: Qualità, Modelli Operativi e Competitività dell'Offerta Turistica di Edizioni Centro Studi Helios 2019

- Ignazio Caloggero: Miti dell'Antica Sicilia – Edizioni Centro Studi Helios – 2022

- Ignazio Caloggero: Culti dell'Antica Sicilia – Edizioni Centro Studi Helios – 2022

- Ignazio Caloggero: Percorsi Esperienziali e Interpretazione del Patrimonio Culturale Vol. 1: Origini e Principi Teorici – Centro Studi Helios 2022

- Ignazio Caloggero: Dagli Ecomusei ai Centri di Esperienze di Interpretazione del Patrimonio Culturale – Centro Studi Helios 2023

- Ignazio Caloggero: Il Ciclo delle Competenze per la Costruzione di Profili Professionali e Standard Formativi

- Ignazio Caloggero: Turismo e Marketing Esperienziale. 2023 Edizione Centro Studi Helios – Centro Studi Helios 2023

- Ignazio Caloggero - Turismo, Arte e Patrimonio Culturale: Profili Professionali e Nuovo Quadro delle Competenze – Edizioni Centro Studi Helios – Ragusa 2022

- Ignazio Caloggero: Guest Experience - Qualità, Esempi Operativi e Casi di Studio - Centro Studi Helios 2024

- Ignazio Caloggero: Dinner Experience - Esempi Operativi e Casi di Studio - Centro Studi Helios 2024

- Ignazio Caloggero: Outdoor Exploration Experience - Esempi Operativi e Casi di Studio - Centro Studi Helios 2024

- Direttiva 2005/36/CE del Parlamento Europeo e del Consiglio del 7 settembre 2005 relativa al riconoscimento delle qualifiche professionali

- Direttiva 2013/55/UE del Parlamento europeo e del Consiglio, recante modifica della direttiva 2005/36/CE, relativa al riconoscimento delle qualifiche professionali

- Raccomandazione del Consiglio sul quadro europeo delle qualifiche per l'apprendimento permanente del 22 maggio 2017 (European Qualification Framework – EQF), che abroga la precedente raccomandazione del 23 aprile 2008

- Raccomandazione del Parlamento europeo e del Consiglio del 18 giugno 2009 sull'istituzione di un sistema europeo di crediti per l'istruzione e la formazione professionale (ECVET) – (2009/C 155/02).

- Raccomandazione del Parlamento europeo e del Consiglio del 18 giugno 2009 sull'istituzione di un quadro europeo di riferimento per la garanzia della qualità dell'istruzione e della formazione professionale

- Raccomandazione del Consiglio del 20 dicembre 2012 sulla convalida dell'apprendimento non formale e informale (2012/C 398/01)

- Decreto MLPS – MIUR 08/01/2018 "Istituzione del Quadro nazionale delle qualificazioni rilasciate nell'ambito del Sistema nazionale di certificazione delle competenze di cui al decreto legislativo 16 gennaio 2013, n. 13"